明清政治與社會——

紀念王家儉教授論集

朱　鴻
林麗月
劉德美
葉高樹
王淑芬

合著

目次 | CONTENTS

王家儉教授（1923-2016）的生平與治學

葉高樹

　　史學界有關晚清思想家魏源（1794-1856）的研究，用力最深、成果最豐的學者，當推王家儉教授。對王先生而言，研究魏源及其相關問題，是學術生涯的起點，研究工作的重心，更開啟對海權思想、近代海軍史，以及明清思想史的興趣，進而從海防思想的形成與新式海軍的創建，以及傳統學術思想的發展脈絡，探討近代中國的變局。

一、求學與任教

　　王家儉先生，安徽省渦陽縣殷廟集人，1923年8月28日生。幼年時期，就讀於渦陽縣立第三十一小學；畢業前後，抗戰軍興，無法繼續升學，只得改入舊式私塾。延滯數年，始再入學，先後就讀於宿縣縣立初中、私立徐州高級中學、安徽省立第五臨中。抗戰勝利，執教於渦陽縣立城中小學、渦陽縣中孫店分部等校；1947年，改任宿縣符離集第一中心小學教務主任。是年8月，隨友人來臺旅遊，旋因中國局勢動盪，交通受阻，乃決意在臺求學。

　　1948年，考取臺灣省立師範學院（今國立臺灣師範大學前身）理化系，一年後轉入史地系。1949年4月6日，「四六事件」發生，時軍隊進入師範學院逮捕學生，先生亦受牽連，與其他住宿同學二百餘人同時被捕，兩周後始獲釋放。同年8月，復為同學李某構陷，再度被捕，當局以「錯抓不能錯放」為由，送往內湖新生總隊感訓，這次更遭囚禁年餘，直到1951年6月方得釋回，並准予復學。關於「四六事件」，曾撰寫〈揭開四六事件的神秘面紗〉、〈四六事件難忘的傷痕〉、〈當年師院生：話說四六事件〉諸文，在《聯合報》（1997.6）批露；對於「白色恐怖」，另以〈我所經歷的白色恐怖〉為題，在溫哥華《明報》（1995.5）發表。這段不堪回首的經歷，亦接受中央研究院近代史研究所的口述訪問，題為〈王家儉先生訪問紀錄〉，刊載於《口述歷史》第9期（1999.6）。

　　1953年7月，自史地系畢業，即被聘至桃園縣楊梅中學執教；1957年8月，轉往新竹縣省立新竹中學。雖然在中學任教，先生不曾放棄對知識的追求，加上大學同班同學呂實強先生（1927-2011）的鼓勵，復於1960年6月考取國立臺灣大學歷史研究所，隨指導教授李宗侗先生（1895-1974）繼續深造。1963年7月，以《魏源對西方的認識及其海防思想》一文獲碩士學位，旋應聘回師大母系服務，展開學術研究工作。

　　先生任教於師大歷史系長達三十年，自講師、副教授而教授，主要在大學部講授「史學導論」、「明清史」，研究所碩士班擔任「明史研究」、「清史研究」，博士班則指導「明史專題研究」、「清史專題研究」等課程，並負責博士班導師工作；

期間先後發表學術專書、論文六十餘種，成果極為豐碩。惟先生總是謙稱：「研究的動力，常是來自教學的壓力」；「因為課堂上的討論，而引發研究的興趣」。又常說自己是個「老學生」，是因投身學術時的年歲稍長，尤其在負擔沉重的教學與研究工作的同時，仍不忘尋求吸取新知的機會，而前往英國倫敦大學（1970）、美國哈佛大學（1979）進修。此外，亦曾擔任歷史系系主任（1976-1979）、僑生輔導委員會主任委員（1989-1990）等行政工作。

二、研究業績

先生在大學執教的三十年期間，治學業績階段分明，自成體系：第一個十年，以魏源研究為起點，擴展為近代海軍史研究；第二個十年，以明清思想史研究為重心，並掌握現代化與區域研究的學術動態；第三個十年，則分就魏源、海軍史、思想史三大領域，進行總結式的研究。茲分述如下：

（一）魏源研究

十九世紀的中國，是國勢由盛轉衰的關鍵時代，也是學術思想由「為學問而學問」導向於「為經世而學問」的轉變時代。在外力壓迫日益嚴重，以及國民雪恥圖強的兩大發展趨勢之下，魏源率先提出以國富兵強、充實海防為標的，以師夷長技、改良內政為手段的方案，不啻為中國指出一條走向近代化的道路。魏源係清代中葉的今文學者，也是講求經世之學的思想家，其有關

今文學的著述,扭轉當時的學術方向,進而引導晚清的變法圖強運動;對於海防思想的見解,不僅為論洋務者所宗,甚至影響日本幕末志士的維新思想,重要性自不待言。魏源的學問既深且博,舉凡經史、地理、兵學、文學皆有創見,而在眾多研究魏源的學者中,能無偏廢,且持續發表論著者,迄今似僅王家儉先生一人。

先生對魏源研究的興趣,可從兩方面來說:一是大學時代,受業於中央研究院近代史研究所創辦人郭廷以先生(1904-1975)門下,在師大特重中國近代史研究學風的薰陶下,奠定深厚的學術基礎。一則是在新竹中學任教期間,呂實強先生特地自南港寄來一部魏源《海國圖志》,因而引起研究的動機,更擇定魏源為日後學術研究生涯的中心。

碩士論文《魏源對西方的認識及其海防思想》完成後,郭廷以先生即示意交付近代史研究所刊印,惟時任臺大歷史研究所所長余又蓀先生(1908-1965)有約在先,遂交由《臺大文史叢刊》出版。是書於二十餘年後再版,時海內外有關魏源研究的論著,非但數量可觀,見解亦推陳出新,然專論魏氏海防思想者,卻寥寥可數;先生常因同好無多而深感遺憾,實則顯示所著歷久彌新,非一時間所能超越。綜觀全書,以海防為中心,不僅留意十九世紀中國與西方的情勢演變,又關注魏源思想形成的淵源與轉折,更兼及魏源的影響,以及中外學者的評論,可謂鉅細靡遺。近年來,從「外緣因素」和「內在理路」兩方面研究清代思想史,幾成通則,先生則對此早有認識,其學術價值與成就無庸贅言。

自1966年起,陸續發表包括《魏源年譜》在內的一系列與魏

源相關的論著，且更及於經學、史學、經世等面向。此外，又從魏源的海防思想為出發，拓展到近代海軍史研究；復就魏源的學術思想為基礎，延伸為明清學術思想史的探討，因而構成以「海權」與「思想」考察近代中國史的學術視野。

（二）近代海軍史

魏源為晚清海防論先驅，其《海國圖志》、《聖武記》、《夷艦入寇記》等海防三書，揭示海國時代的來臨，此一見解流傳廣泛，深受學界、政界推重。在魏源的海防思想中，以創設新式海軍為首要之務，自然引起先生注意，從而有計畫地展開近代海軍史的探討，並集結成《中國近代海軍史論集》。

先生認為，魏源對中國的近代化具有啟蒙功能的意義，惟其思想未受應有的重視，以致近代化為之遲滯約二十年（1842-1860）之久。故而自理論著手，先檢討清季「海防論」，論證是說的產生，係中國在西方挑戰下所做的回應，並藉以觀察海防問題的內涵及其演變。繼之，由實務來說明近代海軍的肇建與發展，自人物而政策，從中央到地方，具體呈現海軍在中國近代史上的意義。其中，有關清季海軍衙門的討論，彌補近代政制史與軍事史的不足；而為研究中日關係史學者所忽略的「長崎事件」，其交涉過程亦有詳盡的論述，皆極具參考價值。又藉〈近代中國海權意識的覺醒〉一文，做為此一課題的階段性結論。是篇以中國的歷史觀，檢視中國民族海洋活動的興衰，以及從「陸權」到「海權」的轉變，並由思想史的觀點與理論化的分析，說明中國近代海權不振的原因。更進一步指出，中國如欲向海洋發展，必會遭

遇種種困難，但為國防安全、確保海權、維護國際貿易，乃至民族生活空見的擴大，將來勢必要向海洋進軍不可。所論正是將魏源的思想加以拓展，並賦予現代意義，充分顯露出知識分子的時代關懷，也是「經世致用」的具體表現。

與近代海軍關係密切的李鴻章（1823-1901），則是先生的另一個研究重點，在收入《中國近代海軍史論集》各文中，已見其端。之後，又陸續撰就〈李鴻章對於中國海軍近代化的貢獻〉、〈李鴻章的海軍知識與海權思想〉、〈李鴻章與北洋海軍〉諸篇。

（三）明清思想史

在研究魏源的過程中，學術思想也是問題的核心，故而先生多年來對思想史始終保持著高度的興趣，常說：「人類的行為往往受其思想所指導，是以何種思想即產生何種行為。於此可知，思想史實為整個歷史的靈魂。」學術思想有其傳承，亦有其流變，先生歸結明清以來學術思想的發展，特為指出：明代的學術思想可分為明初的程朱之學、中葉的王學，以及晚明的實學三個階段；清代也可分為清初的經世之學、乾嘉年間的考證之學，以及晚清的公羊之學三個時期，各有不同的特色。而西方學術亦於明清之際漸次傳入中國，先因天主教來華之故，造成中西文化的衝突與交流；後則有鴉片戰爭之役，形成一股銳不可當的西潮，都帶給中國極大的影響，不容忽視。

在思想史的研究方法上，先生兼顧時代環境對思想家的衝擊，以及學術思想的內在轉折，尤長於流派的界定；既是延續早期研究魏源海防思想的治學態度，又另闢蹊徑，不以一家一派為

限。欲了解思想家的學術淵源與轉變，必先釐清其思想流派，故而對晚明實學、清中葉漢學與宋學，以及晚清公羊學的討論，率皆自流派的歸類切入主題，此即治思想史的一貫主張。其次，藉由「學案體」的研究方法，以清楚呈現明清學者博學兼修的特質，始能掌握學術論戰中的折衷點，否則無法準確分析其由爭論而調和的演變過程。

有關明清思想史的重要研究成果，收錄於《清史研究論藪》的「學術思想」之部。是編以晚明實學思潮的特質，以及天主教對中國的衝擊為開端；繼而自漢、宋之爭，探討由經世到考據的轉變；「中體西用」之爭，進而檢討晚清儒家思想的演變；再就晚清公羊學的復興與演化，論述其對政治改革的影響；乃至以魏源的思想為核心，說明晚清經世之學的再現，並兼論西方史地、科技的輸入及其時代意義，而貫穿其間的中心思想，則是知識分子的憂患意識。簡言之，先生對近代思想史考察的心得，始自「經世」與「西學」，亦歸結於「經世」與「西學」，此論點非但掌握明清思想發展歷程的源、流、變的特質，且自成完整的解釋系統。

（四）其他論著

先生除專注於既定的研究課題之外，其他如近代政治、軍事、經濟、人物各方面，亦有重要著述問世。1970年代後期，臺灣的近代史學界致力於現代化與區域研究的探討，先生特就地方行政、警察制度、婦女參政等問題，發表系列論文。其次，因研究海權，而特別注意臺灣問題，1979年在哈佛大學研究期間，曾

蒐集約二十餘萬字的清季臺灣海關史料，原擬名之為《清季台灣海關志（1858-1895）》，提供臺灣對外貿易史研究之參考，惟以臺北某出版社將原稿遺失，殊為可惜。

留意於科際整合與理論架構的建立，是先生史學研究的另一項興趣，同時也鼓勵、指導學生朝此方向努力。以對清朝前期滿、漢關係的解釋為例，雖採「征服王朝」理論，但深知此係以非漢民族入主中國的角度為中心，過於偏向滿洲，無法含括全面；至於社會學家費孝通等人所主張的「敵對合作」觀點，則強調漢族立場，仍有偏差，遂於〈崑山三徐與清初政治〉一文提出「利益交換」的概念，以彌補諸說不足之處。「利益交換」之說，看似簡單，卻能直指問題核心，遍閱清初政治史論著，當時尚無人提出相近的見解，足見為學出入於理論之中，而不為理論所囿。

三、退而不休

1994年8月，先生自師大退休，移居加拿大溫哥華，仍致力於著述，陸續完成專書兩種，論文十餘篇，並頻繁參加國際學術研討會，以及溫哥華僑社學術文化活動。其中，又以《李鴻章與北洋艦隊──近代中國創建海軍的失敗與教訓》、《洋員與北洋海防建設》二書，最為重要。

先生撰寫《李鴻章與北洋艦隊》的構想，始於研究所求學階段，並得郭廷以先生的首肯與鼓勵。惟因此一專題涉及的史料極為龐雜，復以教學、研究兩忙，進展緩慢，直到退休方能全力以

赴。是書經過長期的構思與蒐集資料，多所創見發明，至2000年終於告藏，即交由國立編譯館刊印，共648頁，四十餘萬言，此集大成鉅著，頓時銷售一空。由於初版校對不精，舛誤頗多，加以在天津英文《中國時報》中又發現一批史料，乃詳為校訂、增補，於2008年在北京三聯書店出版簡體字校訂本。新版在一年之中售出七千餘部，實為學術專著所罕見。

近代海軍係西方產物，與中國傳統水師無涉，故海防建設全借助於外人。然因受材料所限，以往學者鮮少觸及西人教練北洋海軍的成效及其貢獻，先生以長年研究北洋海軍的功力，特為進行系統性的分析，遂撰就《洋員與北洋海防建設》十二萬餘言，可謂是前書的續編。可惜的是，2004年出版時，天津古籍出版社編輯擅自將各洋員的原文名字刪除，辛苦收集而來的琅威理、漢納根、德璀琳等人照片也捨棄不用，先生對此殊感遺憾。

先生自認「興趣廣泛，用力不專」，實則學問淵博，成績斐然。少年時期適值時局動亂，青年時期復遭無謂橫逆，求學過程可說是坎坷多舛。迨投身學術，幾屆壯年，然多年來始終堅守教學與研究的崗位，未嘗鬆懈，即便退休之後，猶孜孜不輟。2011年，在師母李偉虹女士的建議與協助下，將不平凡的際遇，略採口述史的方式，按照時序逐一記錄，於2013年撰成《夢影萍蹤──一個農村子弟的奮鬥》在臺出版，旋為國家圖書館轉製成電子書。這部自傳，既是巨變時代無數悲歡離合故事的縮影，也呈現身處逆境知識分子的學思歷程。

紀念　王家儉老師。

後記

1995年夏，受囑為老師撰寫一篇「學人簡介」，乃以〈從「海權」與「思想」考察近代中國史的學者——王家儉先生〉為題，介紹老師的學術成就，刊登在《近代中國史研究通訊》第21期（1996.3）。

2016年4月15日，師弟俊元來信，告知老師已於4月13日離開。謹據舊作略加增補，登載於《臺師大歷史系電子報》第47期（2016.5）。

明初燕王府地點平議

朱鴻*

一、前言

　　明初燕王府所在地的確定，至關緊要，涉及對明初歷史，特別是永樂朝歷史的正確理解。燕王府地點原本應無疑義，不應成為學術問題，蓋明朝史料多認為是在西苑。清代有關北京的重要著述，如《春明夢餘錄》、《日下舊聞考》，以及民國以來學者朱偰（1907-1968）、單士元（1907-1998），均認定在西苑。但近人王璞子（1909-1988）首先發難，撰〈燕王府與紫禁城〉一文質疑燕王府的地點，認為不在西苑，而在元大內，即元大都的宮城內。此後，燕王府所在地成為學術問題，或主西苑，或主元大內，彼此相互論辯，難有定論。本人近年在國立臺灣師範大學歷史系開設「明代宮廷史文獻專題研究」（研究所碩博合開課程），指出燕王府應在西苑。修課學生陳秋龍期末報告〈仁壽宮〉一文（未刊稿），及蕭意茹碩士論文〈明代西苑研究〉均採用本人授課內容，蕭意茹論文更在此基礎上討論燕王府相關問題及西苑的各

* 　國立臺灣師範大學歷史學系退休兼任教授。

項活動。[1]此文之作，透過燕王府地點問題的討論，分析兩造說法，特別著重於提示解決問題的方法，以就教於各位。

二、燕王府西苑說

明嘉靖時期君臣認定西苑仁壽宮（萬壽宮）為昔日燕邸，晚明及清初著述多踵襲之。[2]

嘉靖年間，世宗（朱厚熜，1507-1566，1522-1566在位）在「大禮」告一段落後，有維新之意，銳意建設西苑。[3]嘉靖十年（1531）季夏十六日（6月16日），時任吏部郎中的李默（1494-1556，1521進士），曾有機會與朝中同僚進入西苑，出而作〈西內前記〉，記所見西苑情狀，文中指出期間訪工部郎中甘為霖（公望，?-1547，1523進士）於直廬，為霖邀李默等自仁壽宮故道而出，並告以「此文皇帝潛邸也」。[4]八月，西苑工成，世宗往視收穫，以觀農事之終。

1 　蕭意茹，〈明代西苑研究〉（臺北：國立臺灣師範大學歷史學系碩士論文，2011）。

2 　日人新宮學對燕王府位於西苑說的系譜多所著墨。參閱〔日〕新宮學，《北京遷都の研究──近世中国の首都移転》（東京：汲古書院，2004），〈附篇二　明末清初期の諸史料にみえる燕王府＝西苑所在說の再檢討〉，頁494-516。

3 　〔日〕大石隆夫，〈明代嘉靖朝の西苑再建〉，《人文論究（關西學院大學人文學會）》，53:3（西宮，2003.12），頁1-20。

4 　〔明〕李默，《群玉樓稿》（收入四庫全書存目叢書編纂委員會，《四庫全書存目叢書》，集部第77冊，據浙江圖書館藏明萬曆元年[1573]李培刻本影印，臺南：莊嚴文化事業有限公司，1997），卷3，〈西內前記〉，頁34a，集77-620。新宮學之論著對李默〈西內前記〉著墨頗多，入西苑時間（嘉靖十年，1531）及李默時任吏部郎中，均據新宮學之研究。見〔日〕新宮學，《北京遷都の研究──近世中国の首都移転》，〈附篇二　明末清初期の諸史料にみえる燕王府＝西苑所在說の再檢討〉，

於無逸事室東殿，世宗面告翟鑾（1477-1546，1505進士）、李時（1471-1538，1502進士）：「西苑宮室是朕文祖之御」，[5]並設位致祭。嘉靖更訂祀典，重農事，行經筵講學，諸多具有維新意義的活動多在西苑籌畫實踐，有慕永樂之意。宮婢之變後，世宗更是長居西苑。嘉靖四十年（1561）十一月萬壽宮（仁壽宮、永壽宮）災，《明世宗實錄》：「萬壽宮在西苑，本成祖文皇帝舊宮也。自壬寅宮闈之變，上即移御於此，不復居大內。」世宗亦諭禮部謂：「朕御皇祖初宮二十餘禩，大變蒙恩，久安玄事，茲荷洪庇，益感眷佑。」[6]工部尚書雷禮（1505-1581，1532進士）亦言：「萬壽宮係皇祖受命重地，王氣攸鍾，偶值災變，寔天啟皇上 俾鼎新丕基，永延億載之祚。宜及時營繕，以承明眷。」[7]繕修竣工，禮部尚書嚴嵩（1480-1567，1505進士）作〈萬壽宮頌〉，「序」言：「維是宮乃我成祖文皇帝基命肇興之地，舊名曰仁壽。皇上臨御于茲，既閱數載，荷天之休，膺受□福，動罔不迪于吉，於是嘉進其名曰萬壽宮。……是宮為皇祖肇基福域，乃久適於居。」[8]

頁502。新宮學更認為李默所載甘為霖之語，早於十年八月《實錄》的記載（見注5），應是燕王府位於西苑說的濫觴。（頁503）

5　〔明〕張居正等奉敕撰，《明世宗實錄》（臺北：中央研究院歷史語言研究所，1962），卷129，嘉靖十年八月丁未（二十六日），頁8b-9a，3080-3081。

6　〔明〕張居正等奉敕撰，《明世宗實錄》，卷503，嘉靖四十年十一月辛亥（二十五日），頁3a，8316。

7　〔明〕張居正等奉敕撰，《明世宗實錄》，卷504，嘉靖四十年十二月丁巳（初二日），頁1a，8319。

8　〔明〕嚴嵩，《鈐山堂集》（收入四庫全書存目叢書編纂委員會編，《四庫全書存目叢書》，集部第56冊，據北京大學圖書館藏明嘉靖二十四年[1545]刻增修本影印，臺南：莊嚴文化事業有限公司，1997），卷18，〈萬壽宮頌有序〉，頁4b-5b，集56-163。

要而言之，嘉靖時人熟稔西苑者，均知西苑為昔日燕王府所在。

　　明末俞汝楫《禮部志稿》、朱國禎（1558-1632，1589進士）《皇明史概》和《湧幢小品》、沈德符（1578-1642）《萬曆野獲編》等，均謂燕王府位於西苑。《禮部志稿》記載嘉靖十年八月世宗以西苑工成，召翟鑾、李時二臣，告以：「西苑宮室是朕文祖之御，近脩葺告成，欲於殿中設皇祖之位祭告之。」李時對曰：「仁壽殿久已廢圮，皇上一旦整飭，追慕皇祖，祭告之禮益見聖孝。」[9]《禮部志稿》所載與《世宗實錄》同，《實錄》應是史源。膺館選，得讀書中秘，熟稔史事典故的朱國禎，在其所撰《皇明史概》中敘嘉靖十年八月世宗御西苑無逸殿東室，與翟鑾、李時的對話：

> （世宗）曰：朕惟這西苑宮殿，近命修葺，今工告成。但這宮殿原是朕文祖之御，欲於殿中設皇祖位祭告之，不知可否？鑾對曰：好。時曰：仁壽殿久已廢圮，皇上一旦整飭，煥然維新。追穆皇祖，行祭告之禮，益見聖孝。[10]

以上君臣口語的對話，國禎應非直接抄錄自《實錄》，應有其他的史源。國禎在另一部著述《湧幢小品》書及明代宮殿變遷的歷史，謂：「文皇初封於燕，以元故宮為府，即今之西苑也。

9　〔明〕林堯俞等纂修，俞汝楫等編撰，《禮部志稿》（收入《景印文淵閣四庫全書》，第598冊，臺北：臺灣商務印書館，1983），卷95，〈曠典備考・耕藉・西苑耕斂〉，頁10b，598-717。

10　〔明〕朱國禎，《皇明史概》（揚州：江蘇廣陵古籍刻印社，1992），《皇明大事記》，卷29，嘉靖十年八月戊申（二十七日），頁9b，1357。

靖難後，就其地亦建奉天諸殿。十五年改建大內於東，去舊宮可一里，悉如南京之制，而弘敞過之，即今之三殿，正朝大內也。」[11]這段文字極簡要，直可視為國禎的「一家之言」，所述永樂朝遷都建都之過程完全正確。

「生長京邸，孩時即聞朝家事」的沈德符，[12]所著《萬曆野獲編》多處言及西苑為國初燕王府所在之地。〈萬壽宮災〉條謂：「萬壽宮者，文皇帝舊宮也。世宗初名永壽宮，自壬寅（嘉靖二十一年，1542）從大內移蹕此中已二十年。至四十年冬十一月之二十五日辛亥，夜火大作，凡乘輿一切服御，及先朝異寶，盡付一炬。」[13]亦載及雷禮以西苑為永樂受命之地，謂：「嘉靖辛酉，西苑萬壽宮災。工部雷禮疏言：此宮係皇祖受命吉地，王氣所鍾。今天啟佑皇上，鼎新丕基。宜及時營繕，以承天眷。上優詔答之，命速備物料興工。」[14]〈齋宮〉條亦謂：「西苑宮殿，自（嘉靖）十年辛卯漸興，以至壬戌（嘉靖41年，1562）凡三十餘年，其間創造不輟，名號已不勝書。……蓋茲地為文皇帝潛邸舊宮。」[15]然明清之際亦有人對燕王府地點持不同看法者，張岱（1597-[1684]）《鴻猷錄》記載燕王府宮殿仍元舊，惟易瓦色，已隱然有燕王府位於元大內之意。[16]

[11] 〔明〕朱國禎著，繆宏點校，《湧幢小品》（北京：文化藝術出版社，1998），卷4，〈宮殿〉，頁77-78。
[12] 〔明〕沈德符，《萬曆野獲編》（北京：中華書局，1997），〈序〉，頁3。
[13] 〔明〕沈德符，《萬曆野獲編》，卷29，〈禨祥·萬壽宮災〉，頁744。
[14] 〔明〕沈德符，《萬曆野獲編》，卷29，〈禨祥·雷震陵碑〉，頁743。
[15] 〔明〕沈德符，《萬曆野獲編》，卷2，〈列朝·齋宮〉，頁48。
[16] 〔明〕張岱，《鴻猷錄》（收入四庫全書存目叢書編纂委員會編，《四

　　明代嘉靖以降燕王府位於西苑之說，普遍為清初論北京的著述所採用。孫承澤（1592-1676，1631進士）《春明夢餘錄》、康熙年間高士奇（1645-1704）《金鰲退食筆記》、朱彝尊（1629-1709，1678博學鴻詞）《日下舊聞》，乾隆欽定《日下舊聞考》等均持西苑說。

　　孫承澤《春明夢餘錄》云：「初，燕邸因元故宮，即今之西苑。開朝門于前，元人重佛，朝門外有大慈恩寺，即今之射所，東為灰廠，中有夾道，故皇牆西南一角獨缺。太宗登極後，即故宮建奉天三殿，以備巡幸受朝。至十五年，改建皇城於東，去舊宮可一里許，悉如金陵之制而弘敞過之。」[17]孫氏所言，大抵承襲朱國禎之說，以燕邸在西苑，但未能實指精確地點。高士奇云：「萬壽宮在西安門內迤南，大光明殿之東，明成祖潛邸也。殿東西有永春、萬春諸宮，翼而前，為門者三，或曰，即舊仁壽宮。明世宗晚年愛靜，常居西內，勛輔大臣直宿無逸殿，日有賜賚。」[18]高士奇任官翰林，供奉禁廷，賜居太液池西，於西苑詳於西而略於東，《金鰲退時筆記》所載皆是「采輯舊聞，徵信載記。」[19]且「退食之頃，偶訪曩時舊制，約略得之傳聞，又彷彿巡其故址」，凡「訪問未確，其跡莫考者，缺而不書。」[20]明代

庫全書存目叢書》，史部第19冊，據南京圖書館藏明嘉靖四十四年[1565]高思誠刻本影印，台南：莊嚴文化事業有限公司1996），卷7，〈封國燕京〉，頁乙a，19-83。

[17] 〔清〕孫承澤，《春明夢餘錄》（清康熙年間鈔本，臺北：國家圖書館藏），卷之6，〈宮闕〉，該書無頁次。

[18] 〔清〕高士奇《金鰲退食筆記》（北京：北京古籍出版社，1982），卷下，頁146。

[19] 〔清〕高士奇《金鰲退食筆記》，〈徐乾學·序〉，頁117。

[20] 〔清〕高士奇《金鰲退食筆記》，卷上，頁117-118（高士奇自序）。

西苑西，嘉靖萬壽宮，清朝已是臣庶所居之地，高士奇考明代舊籍及親自尋訪故址，乃能指實為燕王府所在地。

　　清代記北京之皇皇鉅著厥為乾隆年間之《欽定日下舊聞考》，此書源自康熙朱彝尊之《日下舊聞》。朱彝尊為浙江秀水人，以布衣入選博學鴻儒科，授翰林官，入值南書房。以過謫居，乃捃拾載籍千六百餘種及金石遺文，訂訛辨誤，纂成《日下舊聞》，於康熙二十六年（1687）刊刻問世。彝尊於書中雖錄《（萬曆）野獲編》〈萬壽宮災〉的記載：「萬壽宮者，文皇帝舊宮也。」[21]但確實地點似不甚清楚，彝尊〈自序〉特別提到燕邸，謂：「若夫元之宮闕，以地度之當在今安定門北。明初即南城故宮以建燕邸，而非因大都之舊。蓋宮室城市基凡數易，至琳宮梵舍之建置，沿其舊者十一，更額者十九，故老淪亡，遺書散佚，歷年愈久，陳跡愈不可得而尋矣。」[22]觀此段文字，可知彝尊認定燕王府並非因大都之舊，但卻無法指陳確實地點。

　　《日下舊聞考》為乾隆皇帝（弘曆，1711-1799，1736-1795在位）敕令依據《日下舊聞》纂修而成，詳加考訂，提出論斷，為欽定之北京史集大成之作。言及元代隆福、興聖兩宮時指出：「承澤所謂元故宮者，未載其名，今考昭儉錄假山在隆福宮西，巖嵩鈐山集假山在仁壽宮西，仁壽為成祖潛邸。據此，則春明夢餘錄所稱元故宮，當即隆福、興聖諸宮無疑矣。」[23]《日下舊聞考》辨

21　〔清〕朱彝尊，《日下舊聞》（臺北：國家圖書館藏清康熙二十六年[1687]刊本），卷9，頁10b。
22　〔清〕朱彝尊，《日下舊聞》，〈序〉，頁1a-1b。
23　〔清〕于敏中等奉敕編，《欽定日下舊聞考》（北京：北京燕山出版社，2001），卷31，〈宮室‧元二〉，頁449。

明《春明夢餘錄》「元故宮」並非泛指大都宮殿區，而是指西苑之隆福、興聖諸宮，極為重要。可正確解讀「燕邸因元故宮」，燕邸就在西苑隆福、興聖宮一帶。述及明朝宮室，再度強調：「明初燕邸仍西宮之舊，當即元之隆福、興聖諸宮，遺址在太液池西。其後改建都城，則燕邸舊宮及太液池東之元舊內並為西苑地，而宮城則徙而又東。」[24]又謂：「原萬壽宮者，文皇帝舊宮也。世宗初名永壽宮，自壬寅從大內移蹕此中，已二十年。至四十年冬十一月之二十五日辛亥夜，火大作，凡乘輿一切服御及先朝異寶盡付一炬。」[25]乾隆皇帝《御批歷代通鑑輯覽》亦謂：「萬壽宮在西苑，成祖舊宮也。帝自二十一年宮婢之變，即徙居此。是夜，火作，禁衛不及救，乘輿服御及先世寶物盡燬，乃暫御玉熙宮。」[26]諸此，均本於《明世宗實錄》的記載。

三、近代學者西苑說與大內說的論辯

近代學者研究北京者首推朱偰，撰《元大都宮殿圖考》、《明清兩代宮苑建制沿革圖考》，認為《明太祖實錄》載洪武三年（1370）七月詔建諸王府，太祖同意工部尚書張允文的建議，燕國用元舊內殿，蓋指位於太液池之西的元代隆福宮。元隆福宮故

24 〔清〕于敏中等奉敕編，《欽定日下舊聞考》，卷33，〈宮室・明一〉，頁494。

25 〔清〕于敏中等奉敕編，《欽定日下舊聞考》，卷42，〈宮室・皇城〉，頁661。

26 〔清〕清高宗御批，傅恆等奉敕編，《御批歷代通鑑輯覽》（收入《景印文淵閣四庫全書》，第339冊，臺北：臺灣商務印書館，1983），卷110，嘉靖40年冬11月，〈萬壽宮災〉，頁2b。

址，後世集靈囿及光明殿以西一帶地，即明成祖（朱棣，1360-1424，
1402-1424在位）燕邸所在。[27]單士元《明北京宮苑圖考》亦引清人吳
長元《宸垣識略》之記載，謂永壽宮、萬壽宮為文皇帝舊宮。[28]

　　上世紀六〇年代，同為北京故宮的學者，王璞子卻認為燕
王府在元大內，此說獲得王劍英的回響贊同，撰文進一步加以申
論。王璞子〈燕王府與紫禁城〉一文認為《明太祖實錄》所載燕
府營造「令依元舊皇城基改造王府」，與「燕用元舊內殿」，均
是指同一個地方－元大都宮城。元宮城在當時即通稱皇城，燕王
府建置與元宮大明殿、延春閣前後兩位的體制基本一致。進而認
為《春明夢餘錄》、《日下舊聞考》考訂燕王府位於西苑元隆福
宮址有誤，此地為永樂修建之西宮所在。[29]王文旁引博徵，疏解
《實錄》等文獻之記載，並對清初北京史著作考訂燕王府位於西
苑說一一駁斥。繼王璞子之後，王劍英撰〈燕王府即元故宮舊內
考〉、〈論從元大都到北京的演變和發展－兼析有關記載的失
實〉，首先指出蕭洵《故宮遺錄》洪武毀元宮室的記載純屬憑空
臆造。基於此，王劍英認為營建燕府，燕因元之舊有，使用元大
內宮殿，僅改外表和殿門名稱以符合親王府體制，元代建築全部
保留，原樣未動。並引宋訥（1311-1390）《西隱集》卷三〈壬子秋
過故宮十九首〉中「九華宮殿燕王府」詩句，證明元九華宮殿成

27　朱偰，《明清兩代宮苑建制沿革圖考》（上海：商務印書館，1947），
　　頁48。
28　單士元，《明北京宮苑圖考》（北京：紫禁城出版社，2009），頁201、
　　頁239。
29　王璞子，〈燕王府與紫禁城〉，《故宮博物院院刊》，1979：1（1979），
　　頁70-77。

為燕王府，燕王府就在元大內。永樂時期北狩，仍御位於元大內
的舊宮。永樂十四年（1416），將撤而新之，於西苑作西宮為視朝
之所。王劍英考察明清文獻，指出嘉靖帝只說「西苑宮室是文祖
之御」，並未說是燕王舊宮。誤以西苑的西宮為燕邸，始於雷
禮、嚴嵩，而影響最大的莫過於孫承澤《春明夢餘錄》。[30]

面對兩位重量級學者的燕王府大內說，果鴻孝首撰〈明燕王
府考〉，認為將《明太祖實錄》「燕用元舊內殿」之「內殿」釋
為元大內宮殿，不妥。明初確實毀元舊都，燕王府不在元大內，
而在大內以西的西苑，孫承澤之說大體是正確的。果文特別針對
王劍英引宋訥詩句為證提出反駁，指出宋訥詩句有描述西苑而非
大內者，認為九無非是言其多，華無非是言其色，元興聖、隆福
宮亦是殿宇恢宏，宋訥以九華形容之亦非過分。[31]其後，服務於
北京故宮的學者姜舜源認為限於禮制，燕王府絕不能超過南京皇
宮，利用元大內改建燕王府的可能性基本可以排除，燕王府只能
在西宮。[32]文物工作者，曾任北京故宮博物院研究室主任的吳空

---

[30] 王劍英，〈燕王府即元故宮舊內考〉，收入北京史研究會編，《北京史
論文集·第二輯》（北京：北京史研究會，1982），頁185-194；〈蕭洵
《故宮遺錄》考辨〉，收入北京市社會科學院歷史所編，《北京史研究
（一）》（北京：燕山出版社1986），頁129-143。兩文論述之旨亦見於
王劍英、王紅，〈論從元大都到明北京的演變和發展──兼析有關記載
的失實〉，收入燕京研究院編，《燕京學報》，新1期（北京：北京大學
出版社，1995），頁61-109。此文內容實涵蓋了作者之前有關北京史之
研究，為本文論述徵引所據。

[31] 果鴻孝，〈明燕王府考〉，北京市社會科學院歷史所編，《北京史研究
（一）》（北京：北京燕山出版社，1986），頁186-193。

[32] 姜舜源，〈元明之際北京宮殿沿革考〉，《故宮博物院院刊》，1991:4
（北京，1991.12），頁88-94、頁87。有關燕王府地點，見頁91。

（原名韓駜），認為元大內宮殿的規模比明初南京皇宮要宏大，燕王府絕不可能在元大內，而是改建元代西苑隆福宮而成。[33]北京故宮學者李燮平亦撰文〈燕王府所在地考析〉（作者原擬定的篇名為〈從燕王府到永樂巡狩北京的行在所〉，《故宮博物院院刊》編者更易論文名稱）。後增補部分內容及圖版3幅，收錄於李氏所著《明代北京都城營建叢考》，為本文論述所據。該文認為由於《明太宗實錄》未對「作西宮。初，上至北京，仍御舊宮」（《明太宗實錄》，卷179，永樂十四年八月丁亥[二十八日]，頁3b，1953）記載中的舊宮位置作出確切說明，導致了明代北京宮殿的營建與燕王府所在地的考察出現較多的歧義。李氏引朱國禎《湧幢小品》及孫承澤《春明夢餘錄》的記載，認為「舊宮」所指即燕王府。永樂北狩，行在所為昔日燕邸，但因貴為天子，遂改藩邸宮殿城門名稱，正名號與京師（南京）一致。李氏的研究雖不侷限於燕王府位置的問題，但項莊舞劍意在沛公，直指燕王府位於西苑，而非元大內。[34]

繼北京地區學者，研治明代北京史的知名日本學者新宮學於2001年撰〈明初の燕王府をめぐる諸問題〉，對學界兩造研究做了回顧，重新檢視《明太祖實錄》有關燕王府的記載，與前人迥異者，新宮學還使用了高麗使節有關燕王府的記載，論述燕王府營建過程。經過縝密的處理，新宮學斷言燕王府在元大內，並繪製「燕王府關係推定圖」，燕王府位於太液池東側元大內宮城的

---

[33] 吳空，《中南海史迹》（北京：紫禁城出版社，1998），頁9-11。
[34] 李燮平，《明代北京都城營建叢考》（北京：紫禁城出版社，2006），頁163-185。

地點。2004年，新宮學出版
《北京遷都の研究－近世
中国の首都移転》一書，前
述〈明初の燕王府をめぐる
諸問題〉略加修改成為該書
第二章，還加上附篇二〈明
末清初期の諸史料みえる燕
王府＝西苑所在說の再檢
討〉。首先梳理燕王府位於
西苑說形成的系譜，指出西
苑為永樂潛邸的說法於嘉靖
年間西苑再造時期紛紛出
現，《明世宗實錄》與世宗
身側的內閣大學士、翰林官

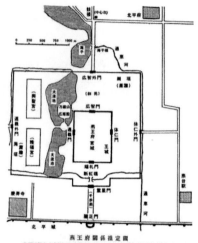

燕王府關係推定圖

本圖は侯仁之主編『北京歷史地圖集』〈47〉所收の「元大都」圖をもとに作成した圖に，燕王府の周垣〈庸縮〉と宮城を書き込んだものである。

資料來源：〔日〕新宮學，《北京遷都の研究——近世中国の首都移転》（東京：汲古書院，2004），頁91。

多言之。但嘉靖以後私史著述，甚至萬曆《大明會典》都未有西
苑為燕王府所在地的記載。新宮學撰寫此文，旨在說明燕邸在西
苑之說有誤。[35]

　　2008年，北京清華大學建築研究所博士生白穎撰〈燕王府位
置新考〉，由燕王府建築制度的特殊性與元代宮殿制度的關聯，
認為元代西內隆福、興聖兩宮的光天殿、興聖殿的面闊尺寸遠遠
小於明初諸十一間和九間的木構，燕王府只能在大內正殿十一間

---

[35] 〔日〕新宮學，《北京遷都の研究——近世中国の首都移転》，頁76-121，494-516。

的大明殿基礎上改造而成。[36]

　　近年北京故宮大力發展故宮學，重視明代宮廷史的研究，任職於中國社會科學院考古所的孟凡人撰述多篇有關明代北京城的論著，他認為燕王府在西苑「這個錯誤對後代影響很大，並直接與明永樂時期營建北京宮城相關，故必須辨正之。」亦主燕王府建於元宮城，也就是元大內。[37]

四、問題的解決

　　燕王府地點問題，西苑與元大內兩說各有論述，以目前情形而論，大內說明顯占上風，但這並不表示問題獲得解決。個人早年研究永樂政治，近年注重明代宮廷，開設明清古蹟文物與明代宮廷史文獻課程，深知燕王府地點是正確理解朱棣與永樂歷史的關鍵問題，沒有模糊的空間，必須有個答案。

　　問題的解決，若是由重新檢視疏解《實錄》的記載、嘉靖朝官員的記述、明代晚期私家史著，以及清代有關北京史的著述，都將一如以往，各說各話。當然，也無法由檢討前人的研究（學界流行的說法是「對話」），得到足以令人信服的結論。學界兩造的研究，都據《明太宗實錄》「初，上至北京仍御舊宮」

---

[36] 白穎，〈燕王府位置新考〉，《故宮博物院院刊》，2008:2（北京，2008.3），頁24-35。

[37] 孟凡人，〈明北京皇城和紫禁城的形制布局〉，收入《明史研究》編輯部編，《明史研究‧第8輯》（合肥：黃山書社出版，2003），頁90-154。燕王府地點問題見於頁90-92。孟凡人，《明代宮廷建築史》（北京：紫禁城出版社，2010），頁109-118。

的記載，一致認為永樂北狩的行在所就是昔日的燕王府。[38] 這正是解決問題的切入點，關鍵的時間斷限為永樂七年三月壬戌（十九日）至八年十月丁酉（四日）第一次北狩（1409.4-1410.11），及永樂十一年四月乙酉朔（初一日）至十四年九月戊申（二十日）（1413.5-1416.10）第二次北狩，永樂在北京的行在所位於何處。

永樂北狩，太子朱高熾（1378-1425）於京師（南京）監國，作為皇帝秘書的內閣，以及翰林院官員，或留京師輔導太子，或隨永樂至北京。隨行的閣臣——胡廣（1369-1418，1400進士）、楊榮（1370-1440，1400進士）、金幼孜（1367-1431，1400進士），以及翰林院官員，均以文學見長，多人有文集傳世，這些人，以及與他們有同僚之誼的官員的文集是尋找答案的關鍵史料。從文集的詩文中，要確定的是內閣當值的地點，蓋「國朝置內閣，切居禁近，乃制誥所出，而機務之繫莫重焉。」[39]內閣上班的地方一定在皇帝理政休憩宮殿的附近，便於皇帝與之商議機務、起草詔令文書。內閣所在，就是行在所的地點，也就是燕王府的位置。

胡廣是隨永樂北狩極受倚重的閣臣，文集中有〈和梁修撰偶至內閣見寄並至後喜晴〉詩三首。梁修撰即梁潛（1356-1418），檢索《明太宗實錄》，可知梁潛於永樂二年（1404）十一月已是翰林院修撰，[40]永樂五年（1407）十一月辛亥朔兼右春坊右贊善，[41]

38　〔明〕楊士奇等奉敕撰，《明太宗實錄》（臺北：中央研究院歷史語言研究所，1962），卷179，永樂十四年八月丁亥（二十八日），頁3a，1953。

39　〔明〕楊榮，《文敏集》（明正德十年[1515]建安楊氏重刊本，臺北：國家圖書館藏），卷24，〈兵部主事陸友仁墓誌銘〉，頁5b。

40　〔明〕楊士奇等奉敕撰，《明太宗實錄》，卷36，永樂二年十一月丁巳（十九日），頁5a，627。

41　〔明〕楊士奇等奉敕撰，《明太宗實錄》，卷73，永樂五年十一月辛亥

直至永樂十四年（1416）三月辛亥（十九日）才陞為本院侍讀仍兼右贊善。[42]換言之，永樂第一、二次北狩，梁潛均以翰林修撰隨行，胡廣詩梁潛偶至的內閣，是行在所時期的內閣。三首詩云：

> 朝朝聯步踏京塵，鳴珮趨朝拜玉宸。雪在西山凝欲曙，天移北斗暖回春。年來倡和才偏減，客久交游意轉親。共荷生成深雨露，青雲得路際昌辰。

> 他鄉更上望鄉臺，鄉信迢迢鴈北回。暖氣漸宜西苑樹，暗香先到故園梅。待看紫陌花成幄，且醉黃封酒滿杯。著述金門多賦頌，早朝准擬獻蓬萊。

> 太液波融暖浪生，況纔至後久暄晴。九天日月□□□，三殿雲韶度玉笙。漸喜陽和回上谷，好傳消息□□□。□平歌詠吾儕事，已有新詩繼頌聲。[43]

詩中描寫的毫無疑問是西苑的景緻，而非大內的情狀，內閣在西苑，行在所當然就在西苑。

朝（初一日），頁1a，1013。

[42] 〔明〕楊士奇等奉敕撰，《明太宗實錄》，卷174，永樂十四年三月辛亥（十九日），頁2a，1917。

[43] 〔明〕胡廣，《胡文穆公文集》（據復旦大學圖書館藏清乾隆十五年[1750]刻本影印，收入四庫全書存目叢書編纂委員會，《四庫全書存目叢書》，集部第28冊，臺南：莊嚴文化事業有限公司，1997），卷8，〈和梁修撰偶至內閣見寄並後喜晴〉，頁3a-3b，集28-581。

　　永樂中，行在翰林院官，仍在禁內供奉，不別立公署。[44]地點與內閣甚近，基本上在同一地點。由王直（1379-1462，1400進士）〈題梁先生詩後〉，可知梁潛與隨永樂北狩的三位閣臣交情甚篤，有許多倡和的詩文，王直提及梁潛詩詩末寫的是西苑情景，也是行在館閣在西苑的證據。行在館閣在西苑，行在所就在西苑，洪武時期的燕王府也在西苑，亦即元西內。王直〈題梁先生詩後〉云：

　　右七言近體詩一章，前翰林侍讀兼右春坊右贊善西昌梁先生用之所賦，以呈內閣三先生者。胡公，吉水人，名廣，字光大；楊公，建安人，名榮，字勉仁；金公，新淦人，名善，字幼孜。皆太宗皇帝所親任，其文章德行天下所推仰，而與梁公最相好。梁公清修玉立，文字奇古，而每出新意，時輩爭傳誦之。三先生居宥密之地，在東角門內，故謂之內閣，常人所不能到，其外為文淵閣，梁先生輩處之，雖地位相懸，而四公情好之密，文字之娛，則無間也。當時唱和蓋不止於此。此詩今為刑科給事中廖莊安止所藏，安止與胡公同邑，故愛慕不忍置。詩末言太液廣寒，蓋廣寒殿乃前元所建，在太液池上，萬歲山頂，當時極為華麗。太宗皇帝在潛邸時，去其甚者，而存之以為殷鑒，未嘗增飾，恭儉之德比隆堯舜。其初幸北京，三先生實從，嘗特奉詔縱覽焉。胡公有五言近體詩十首。諸公

----

44 〔明〕黃佐，《翰林記》（臺北：臺灣商務印書館，1966），卷1，〈公署〉，頁7。

皆屬和，梁公此詩猶有羨慕之意。安止若又得之，以續於此，使觀者得以考見其事，豈不美哉。梁公與胡、金二公相繼即世，計賦詩已二十年矣，俯仰今昔，為之慨然。[45]

永樂十三年（1415），歲次乙未，該年會試首度在北京舉行，金幼孜〈乙未三月一日策試進士讀卷〉詩云：

聖主臨軒親策士，新頒御勅墨淋漓。百年禮樂逢興運，一代文章際盛時。天近蓬萊香霧濕，日迴閶闔漏聲遲。有周幸睹賢才盛，感遇惟歌棫樸詩。[46]

「天近蓬萊香霧濕」是描寫西苑而非大內的詩句，永樂臨軒策士及閣臣讀卷地點是在西苑，亦證明了行在所在西苑。

永樂十二年（1415）八月，楊士奇（1364-1444）以輔導東宮監國失職，解職並令赴北京行在，十月初三日奉旨釋免，是日午永樂御棕殿召見士奇至榻前，時禮部尚書呂震（1365-1426）、翰林學士胡廣、侍講楊榮、金幼孜皆在。[47]棕殿為元泰定帝（也孫鐵木兒，1293-1328，1323-1328在位）所建，位於西內。[48]接見的地點應就是行在

45 〔明〕王直撰，王穜編，《抑菴文集》（明景泰五年[1454]應天府丞陳宜刊本，臺北：國立故宮博物院藏），卷13，〈題梁先生詩後〉，頁3b-4a。
46 〔明〕金幼孜撰，金昭伯編，《金文靖公集》（明成化四年[1468]新淦金氏家刊本，臺北：國家圖書館藏），卷4，〈乙未三月一日策試進士讀卷〉，頁47b-48a。
47 〔明〕楊士奇，《東里續集》（收入四庫明人文集叢刊上海：上海古籍出版社，，1991），卷48，〈北京紀行錄〉，頁13b，1239-317。
48 〔清〕于敏中等奉敕編，《欽定日下舊聞考》，卷32，頁14a-14b。

所所在之地，行在所在西苑，燕王府就在西苑。

不僅此也，在「靖難」謀主姚廣孝（1335-1418）的文集中，也能發現燕王府在西苑的佐證。

姚廣孝撰有〈萬歲山〉與〈海子〉兩詩，〈萬歲山〉云：

> 超然出海上，巍巍與天齊。仰看眾山拱，始悟泰華低。瑞靄散蒼翠，靈光發虹霓。琪樹曉瑟瑟，瑤草春萋萋。蓬萊在人間，梯磴乃可躋。上有廣寒殿，陵虛立眾罳。斗星繞朱甍，雲龍護旋題。明時奉聖主，長夕耀文奎。亡金事酣宴，殘元貯哥姬。不德天靡輔，所以帝業隳。大明務恭儉，親王鑒在茲。千秋與萬歲，端拱樂無為。[49]

〈海子〉云：

> 海子乃天池，舊聞為太液。泉源初地底，湛湛深莫測。上有蓬萊山，下有鮫人□。清秋起涼飈，天水惟一碧。波心芰荷淨，岸口菰莆密。魴鱮縱游泳，筌釣豈能及。煙霧晚淒濛，落日鳧雁集。量寬渺江漢，河年滿愁溢。龍舟泛雙櫂，虹梁跨千尺。瑤池未足侔，靈沼應難匹。帝子勤古道，為樂知無逸。出游自有度，豈待時日吉。[50]

49　〔明〕姚廣孝，《逃虛子詩集》（收入四庫全書存目叢書編纂委員會，《四庫全書存目叢書》，集部第據28冊，南京圖書館藏清鈔本影印，臺南：莊嚴文化事業有限公司，1997），卷1，〈萬歲山〉，頁28-15。

50　〔明〕姚廣孝，《逃虛子詩集》，卷1，〈海子〉，頁集28-16。

燕王府在西苑，燕王時而出遊至太液池、萬歲山，《皇明祖訓》規定諸王宮室不許有離宮、別殿，及臺榭遊翫去處。[51]然「燕因元之舊有」，[52]燕王府正因位在元西內興聖、隆福宮一帶，地在太液池西，故得以擁有太液池勝景為遊憩之所，應為他王所不及。燕王府在西苑，姚廣孝住持的慶壽禪寺在北京城西，地近西苑，不為無因。研究姚廣孝的鄭永華，由姚廣孝住持慶壽寺，左近燕王府，採用果鴻孝之說認為燕王府在西苑，便於宗教活動的進行。[53]

五、結論

　　由本文所論，應可知洪武時期的燕王府位於北京西苑西，也就是元代太子隆福宮故址。燕王府地點的確定，證實了嘉靖西苑再造時期君臣認為西苑為成祖臨御之地，完全正確，其意涵並非指西苑為永樂西宮所在，而是燕王府所在。然而明末卻有著述認為燕王府在元大內，近代學者更有多人亦作如是觀，謬誤的原因亦值探討。

　　錯誤的原因應是未能辨明關鍵史料真偽，《明太祖實錄》謂燕王府宮室「用元舊內殿」，[54]是模糊燕王府的地點；燕府營

---

[51] 〔明〕朱元璋，《皇明祖訓》（收入《明朝開國文獻》，臺北：臺灣學生書局，1966），卷44，〈營繕〉，頁44b，1666。按：《祖訓錄》無此規定。

[52] 〔明〕朱元璋，《皇明祖訓》，卷44，〈營繕〉，頁43a，1663。

[53] 鄭永華，《姚廣孝史事研究》（北京：人民出版社，2011），頁140-141。

[54] 〔明〕夏原吉等奉敕撰，《明太祖實錄》（臺北：中央研究院歷史語言研究所，1962），卷54，洪武三年月辛卯（初五日），頁1b，1060。

造訖工，繪圖以進，「中曰承運殿，十一間」，[55]是蓄意造偽，有意誤導燕王府位於元大內，且是改建元大明殿而成。弘治年間開始纂修，正德四年（1509）刊行的《大明會典》言及洪武年間親王府制，未採用《明太祖實錄》燕王府承運殿十一間的記載，且明載弘治八年（1495）定王府制，「承運門五間，前殿（按：承運殿）七間」。[56]萬曆《大明會典》〈王府‧親王府制〉承之。[57]《大明會典》的取材與書寫，是以委婉的方式表達燕王府承運殿非十一間。嘉靖有事西苑，官私文獻都一再指陳仁壽宮為燕王府舊地。然明末清初，時人對燕王府所在地亦有存疑義者。經清初北京史大家考訂後，燕王府應在西苑。

然而晚明亦有著述認為燕王府在大內者，或是受《禮部志稿》的影響，該書〈親王府第〉載：「洪武十二年，王府營造訖工，繪圖以進，其制：中曰承運殿十一間。」[58]此段文字所據應是《明太祖實錄》，惟《明太祖實錄》洪武十二年（1379）十一月甲寅條所記為：「燕府營造訖工，繪圖以進。其制：……中曰承運殿，十一間。」[59]《禮部志稿》將燕王府的規制成為王府制度，謬誤大矣。然而影響甚大，王鴻緒（1645-1723）《明史稿》、

55 〔明〕夏原吉等奉敕撰，《明太祖實錄》，卷127，洪武十二年十一月甲寅（二十一日），頁3a，2025。
56 〔明〕李東陽等奉敕纂修，《大明會典》（明正德四年[1509]司禮監刊本，臺北：國家圖書館藏），卷147，頁4b-6a。
57 〔明〕申時行等奉敕纂修，《大明會典》（明萬曆十五年[1587]司禮監刊本，臺北：國家圖書館藏），卷181，頁10b-12a。
58 〔明〕林堯俞等纂修，俞汝楫等編撰，《禮部志稿》，卷63，〈宮府備考‧府第‧親王府第〉，頁28a，598-60。
59 〔明〕夏原吉等奉敕纂修，《明太祖實錄》，卷127，洪武十二年十一月甲寅（二十一日），頁2b-3a，2024-2025。

萬斯同（[638-1702）《明史》及張廷玉（1672-1755）纂修的《明史》均承之。[60]學者據以立論，自然有誤。

要而言之，近代學者主元大內者於文獻應疑處（《明太祖實錄》）不疑，不疑處（《明世宗實錄》）反有疑，解讀有誤。主西苑者，或以經驗法則為據，反駁力道不足。在既有研究的基礎上，「對話」論辯無助於問題的解決。掌握內閣地點建置獨有的特殊性，由此切入，運用文集，確定行在所地點，燕王府地點遂迎刃而解，就是在西苑。

燕王府地點確定在西苑，對理解永樂時營建北京，及皇帝北狩的活動才能有正確的了解，不致產生論述的偏差。蕭意茹碩論在永樂北狩時期活動著墨頗多，足供參考，不再贅言。

---

60 〔清〕王鴻緒奉敕撰，《明史稿》（影印敬慎堂刊本印行，永和：文海出版社，1962），志第50，〈輿服四‧宮室制度〉，頁12b，曰：「（洪武）十二年，諸王府告成，其制中曰承運殿，十一間。」〔清〕萬斯同，《明史》（收入《續修四庫全書》，第326冊，上海：上海古籍出版社，2002），卷132，〈輿服志四‧宮室制度〉，頁241，曰：「（洪武）十二年，王府營造訖工，繪圖以進，其制中曰承運殿，十一間。」〔清〕張廷玉等撰，《明史》（北京：中華書局，1987），卷68，〈輿服志四‧親王府制〉，頁1670，曰：「（洪武）十二年，諸王府告成。其制，中曰承運殿，十一間。」

徵引書目

官書典籍

〔明〕夏原吉等奉敕撰，《明太祖實錄》，臺北：中央研究院歷史語言研究所，1962年。

〔明〕楊士奇等奉敕撰，《明太宗實錄》，臺北：中央研究院歷史語言研究所，1962年。

〔明〕張居正等奉敕撰，《明世宗實錄》，臺北：中央研究院歷史語言研究所，1962年。

〔明〕李東陽等奉敕纂修，《大明會典》，明正德四年（1509）司禮監刊本，臺北：國家圖書館藏。

〔明〕申時行等奉敕纂修，《大明會典》，明萬曆十五年（1587）司禮監刊本，臺北：國家圖書館藏。

〔明〕林堯俞等纂修，俞汝楫等編撰，《禮部志稿》，收入《景印文淵閣四庫全書》，第598冊，臺北：臺灣商務印書館，1983年。

〔清〕王鴻緒奉敕撰，《明史稿》，影印敬慎堂刊本印行，永和：文海出版社，1962年。

〔清〕張廷玉等，《明史》，北京：中華書局，1987年。

〔清〕清高宗御批，傅恆等奉敕編，《御批歷代通鑑輯覽》，收入《景印文淵閣四庫全書》，第335-339冊，臺北：臺灣商務印書館，1983年。

〔清〕于敏中等奉敕編，《欽定日下舊聞考》，北京：北京燕山出版社，2001年。

〔明〕朱元璋，《皇明祖訓》，收入《明朝開國文獻》，臺北：臺灣學生書局，1966年。

〔明〕姚廣孝，《逃虛子詩集》，收入四庫全書存目叢書編纂委員會，《四庫全書存目叢書》，集部第28冊，據南京圖書館藏清鈔本影印，臺南：莊嚴文化事業有限公司，1997年。

〔明〕胡廣，《胡文穆公文集》，據復旦大學圖書館藏清乾隆十五年（1750）刻本影印，收入四庫全書存目叢書編纂委員會，《四庫全書存目叢書》，集部第28冊，臺南：莊嚴文化事業有限公司，1997年。

〔明〕金幼孜撰，金昭伯編，《金文靖公集》，明成化四年（1468）新淦金

　　氏家刊本，臺北：國家圖書館藏。

〔明〕楊榮，《文敏集》，明正德十年（1515）建安楊氏重刊本，臺北：國家圖書館藏。

〔明〕楊士奇，《東里續集》，收入四庫明人文集叢刊，上海：上海古籍出版社，1991年。

〔明〕王直撰，王稹編，《抑菴文集》，明景泰五年（1454）應天府丞陳宜刊本，臺北：國立故宮博物院藏。

〔明〕嚴嵩，《鈐山堂集》，收入四庫全書存目叢書編纂委員會編，《四庫全書存目叢書》，集部第56冊，據北京大學圖書館藏明嘉靖二十四年（1545）刻增修本影印，台南：莊嚴文化事業有限公司，1997年。

〔明〕李默，《群玉樓稿》，收入四庫全書存目叢書編纂委員會，《四庫全書存目叢書》，集部第77冊，據浙江圖書館藏明萬曆元年（1573）李培刻本影印，臺南：莊嚴文化事業有限公司，1997年。

〔明〕黃佐，《翰林記》，臺北：臺灣商務印書館，1966年。

〔明〕朱國禎著，繆宏點校，《湧幢小品》，北京：文化藝術出版社，1998年。

〔明〕朱國禎，《皇明史概》，揚州：江蘇廣陵古籍刻印社，1992年。

〔明〕沈德符，《萬曆野獲編》，北京：中華書局，1997年。

〔明〕張岱，《鴻猷錄》，收入四庫全書存目叢書編纂委員會編，《四庫全書存目叢書》，史部第19冊，據南京圖書館藏明嘉靖四十四年（1565）高思誠刻本影印，台南：莊嚴文化事業有限公司，1996年。

〔清〕孫承澤，《春明夢餘錄》，清康熙年間鈔本，臺北：國家圖書館藏。

〔清〕朱彝尊，《日下舊聞》，臺北：國家圖書館藏清康熙二十六年（1687）刊本

〔清〕高士奇，《金鰲退食筆記》，北京：北京古籍出版社，1982年。

〔清〕萬斯同，《明史》，收入《續修四庫全書》，第324-331冊，上海：上海古籍出版社，2002年。

專書著作

朱偰，《明清兩代宮苑建制沿革圖考》，上海：商務印書館，1947年。

吳空，《中南海史迹》，北京：紫禁城出版社，1998年。

李燮平，《明代北京都城營建叢考》，北京：紫禁城出版社，2006年。

孟凡人，《明代宮廷建築史》，北京：紫禁城出版社，2010年。

單士元，《明北京宮苑圖考》，北京：紫禁城出版社，2009年。

新宮學，《北京遷都の研究——近世中国の首都移転》，東京：汲古書院，2004年。

鄭永華，《姚廣孝史事研究》，北京：人民出版社，2011年。

期刊論文

大石隆夫，〈明代嘉靖朝の西苑再建〉，《人文論究（關西學院大學人文學會）》，第53卷第3號，西宮，2003年12月。

王劍英，〈燕王府即元故宮舊內考〉，收入北京史研究會編，《北京史論文集・第二輯》，北京：北京史研究會，1982年。

王劍英，〈蕭洵《故宮遺錄》考辨〉，收入北京市社會科學院歷史所編，《北京史研究（一）》，北京：北京燕山出版社，1986年。

王劍英、王紅，〈論從元大都到明北京的演變和發展－兼析有關記載的失實〉，收入燕京研究院編，《燕京學報》，新1期，北京：北京大學出版社，1995年。

王璞子，〈燕王府與紫禁城〉，《故宮博物院院刊》，1979年第1期，北京，1979年4月。

白穎，〈燕王府位置新考〉，《故宮博物院院刊》，2008年第2期，北京，2008年3月。

孟凡人，〈明北京皇城和紫禁城的形制布局〉，收入《明史研究》編輯部編，《明史研究・第8輯》，合肥：黃山書社出版，2003年。

果鴻孝，〈明燕王府考〉，北京市社會科學院歷史所編，《北京史研究（一）》，北京：北京燕山出版社，1986年。

姜舜源，〈元明之際北京宮殿沿革考〉，《故宮博物院院刊》，1991年第4期，北京，1991年12月。

蕭意茹，〈明代西苑研究〉，臺北：國立台灣師範大學歷史學系碩士論文，2011年。

戀戀桑梓：
明儒莫旦（1429-1510s）的鄉邦志業

林麗月[*]

一、前言

　　經過長期的傳承發展，地方志的修纂至宋元漸趨完備。明代開國之初，為昭示一統與資治教化，朝廷除了展開一統志的編修，並不斷詔令各地修撰志書，明成祖即位後，對纂修地方志更為重視，先後於永樂十年（1412）、十六年（1418）頒布〈修志凡例〉十七則和〈纂修志書凡例〉二十一則，此為現存最早的有關編修地方志書的官方條令，既為《大明一統志》修纂之用，也為地方修志所遵循。景泰（1450-1456）、天順（1457-1464）年間，復先後下詔州縣修志，「命文臣纂修一統誌以頒行海內，先取郡邑誌以備采錄。」[1]這一方面顯示明廷對修志工作的高度重視，進一步確立了方志的官書地位，另一方面則促進了州縣志書編纂的興盛和體例的規範。[2]

---

[*]　國立台灣師範大學歷史學系名譽教授。
[1]　〔明〕劉啟東重修，賈宗魯纂，《（嘉靖）高淳縣志》（收入《天一閣藏明代方志選刊》，影印嘉靖五年[1526]修四十一年[1562]重刻本，上海：上海古籍書店，1963），卷首，頁5a-5b，〈正德九年（甲戌）頓銳序〉。
[2]　關於《大明一統志》的編修及其對明代地方志體例的影響，詳參張英

　　方志不僅是記述郡邑風土民情的「一方之全史」，也是表彰鄉邦典範、宣導國家教化的載體，其內容之取捨定奪，除了彰顯志書的思想理念，也攸關主持編纂者的立場甚至階級利益，因此在朝廷明訂的類目凡例之外，各地方志仍頗多歧異，不少地方菁英消長之跡亦潛藏於此。從地方史文本的「生產」來說，鄉紳名士與方志編纂之間的關係，其間反映的地方社會圖景，遠比方志文獻表面呈現的要豐富得多，應為探究明清地方菁英與地方文化不可忽略的面向。

　　濱島敦俊曾透過崇禎《烏程縣志》、萬曆《湖州府志》與順治《湖州府志前編》三部方志的比較，探討地方志所留下的史料及其意義。這三部明末清初湖州地方編纂的方志，屬於編纂水準較差的作品，頗與江南地區地方志一般的狀況不符。濱島分析此與萬曆（1573-1620）年間湖州府的均田均役改革有密切的關係。明末「困役」成為江南最重要的社會問題，「困役」問題的直接原因是鄉紳擁有免役特權，造成徭役分配不均。萬曆年間，以朱國楨（1558-1632）為首的士紳在湖州府進行均田均役制的改革，企圖限制鄉紳的優免特權，這一改革引起了鄉紳與庶民的對立，造成了大規模的民變，最後以失敗結束。由於這個原因，此時期編纂的三本地方志完全沒有「里甲正役」的內容，正反映修志的階層－地方士紳的利益。作者指出，地方志反映地方的利益與需要，但因為方志的編纂是地方精英所為，往往也就直接表現

　　聘，〈論《大明一統志》的編修〉，《史學史研究》，2004:4（北京，2004.11），頁48-56。

或只有表現出修志階層的利益與需求。[3]美國學者包弼德（Peter K.Bol）在有關明代金華的研究中，觀察明代金華地區文化菁英與地方行政權力的互動關係，強調士人參與地方認同的建構，可以視為文化菁英營造地方領導角色的基礎，而地方認同也提供尋求團體利益的社會空間。[4]不過這個研究關注的焦點主要在透過方志書寫觀察地方傳統的建構。戴思哲（Joseph Dennis）透過萬曆《新昌縣志》的編纂，探討「家族」與「國家」的關係，他發現萬曆《新昌縣志》的編纂者彼此之間兼有血親、姻親、鄉親的關係，大多數人物是透過這些地方菁英有意識的運作而入志，因此縣志既是編纂者奠定其地方影響力的基礎，也是他們的後代子孫透過通婚持續發展的場域。[5]戴氏近著更結合書籍史、閱讀史、家族史等議題，探討明代地方志的書寫、出版、流傳與閱讀，由此呈現社會、經濟、文化的多元樣態與地方特色。[6]唯整體觀之，前述相關研究多集中於晚明編修的方志，比較缺乏明代前期方志與地方社會的討論。此固因成化以前尚處於明代州縣志纂修初期，且傳世舊志極少，有其研究困難，然而，學者長期聚焦於晚明文獻與課題的風習亦有以致之。

[3]　濱島敦俊，〈方志和鄉紳〉，《暨南史學》，6（南投，2003.7），頁239-254。

[4]　Peter K. Bol, "Center for the Study of Local History in Jinhua, "*Ming Studies*, 40 (Fall, 1998), pp.5-12. "The 'Localist Turn' and 'Local Identity' in Later Imperial China," *Late Imperial China*, 24:2(December, 2003),pp.1-50.

[5]　Joseph R. Dennis, "Between Linage and State: Extended Family and Gazetteer Compilation in Xinchang County," *Ming Studies*, 45-46(2002), pp. 69-113.

[6]　Joseph R. Dennis,*Writing, Publishing, and Reading Local Gazetteers in Imperial China, 1100-1700.* (Cambridge, Mass.: Harvard University Press, 2015).

　　蘇州府吳江縣人莫旦，字景周，號鱸鄉。明成化元年（1465）
舉人，授浙江新昌縣學訓導，後遷南京國子監學正。成化二十一
年（1485）以母喪乞歸，年八十餘卒於鄉。父莫震，字霆威，正統
四年（1439）進士，正統六年（1441）授嘉魚知縣，任內修成《嘉魚
志》三卷，後遷海鹽知縣，陞建寧府通判，以延平府同知致仕。
莫旦平生著作有《鱸鄉集》、《大明一統賦》、《吳江志》、
《新昌志》等。[7]其中弘治元年（1488）刊刻的《吳江志》是吳江
現存最早的縣志，莫旦參與修志始於景泰五年（1454），前後經過
五次修改增刪，歷時三十餘年始成。清初潘檉章（1626-1663）讚譽
之曰：「旦始為諸生，即考論掌故，搜采舊聞。積三十年，始成
《吳江志》，典雅可觀。」[8]此外，並增修其父莫震所撰《石湖

7　〔清〕郭琇等修，《（康熙）吳江縣志》（清康熙二十三年[1684]刊本，
　　影印自日本內閣文庫，臺北：漢學研究中心，1990），卷35，〈人物
　　志〉，稱：莫旦「平生著作甚多，所存有《鱸鄉集》，新昌、嘉魚、吳
　　江三志」。〔清〕陳莫纕等修，《（乾隆）吳江縣志》（收入《中國地方
　　志叢書・華中地方・第一六三號》，影印清乾隆十二年[1747]修石印重印
　　本，臺北：成文出版社，1975），卷32，〈人物志・文學〉，頁24a，亦
　　謂：「平生著作甚多，所存有《鱸鄉集》，《新昌》、《嘉魚》、《吳
　　江》三志。」唯據莫旦撰〈大明進士奉政大夫福建延平府同知致仕由庵
　　先生莫公震〉：「平生製作有由庵錄十九卷，詩文集二十二卷，嘉魚志
　　三卷，石湖志四卷，日記六卷，家禮節要一卷，惟嘉魚志板行於時。」
　　見〔明〕莫震纂，莫旦增修，莫昊繕寫，《石湖志》（收入《續修四庫
　　全書》，第729冊，影印明刻本，上海：上海古籍出版社，1997），卷
　　4，〈鄉賢〉，頁17b。又莫震於正統六年（1441）授嘉魚縣知縣，《嘉魚
　　志》為其任內所修，《（康熙）吳江縣志》、《（乾隆）吳江縣志》所
　　載為誤。
8　〔清〕潘檉章，《松陵文獻》（收入江柏慶主編，《江蘇人物傳記叢
　　刊》，第36集，影印清康熙三十二年[1693]潘耒刻本，揚州：廣陵書社，
　　2011），獻集卷9，〈人物志・文學〉，頁8a。

志》；[9]擔任浙江新昌縣訓導期間，又主纂成化《新昌縣志》，地方志堪稱莫旦一生學問志業之所在。

本文擬以莫旦為例，由弘治《吳江志》與成化《新昌縣志》的纂修，探討明代前期江南士人書寫鄉邦歷史的活動，並由兩部舊志的體例與內容考察莫旦的修志理念，以見明代前期一個地方小儒思想世界之一斑。

二、父母之邦：弘治《吳江志》的編刊

吳江古稱松陵。五代後梁開平三年（909），由吳縣分地設縣，名吳江，隸屬蘇州。元代曾經編有《圖經》，明洪武十一年（1378）、永樂十六年（1418）、景泰五年曾奉文編過志書，[10]唯皆未

---

9 石湖是吳縣與吳江縣交會的一個大湖，據《石湖志‧總敘》稱：「石湖在蘇州盤門外一十二里，上承太湖之水，下流遇行春橋以入於橫塘，南北長九里，東西三四里。北屬吳縣靈巖鄉界，南屬吳江縣范隅鄉界，蓋兩縣交會之間也。」今存明刻本《石湖志》署名「里人莫震纂，男旦增修，男昊繕寫」，六卷，前有缺頁，刊刻年月不詳。另據《（同治）蘇州府志》，曰：「石湖鄉賢祠，在石湖上，祀宋范成大、莫子文、盧瑢，元盧廷瑞、盧守仁，明薛某、袁鼏、袁黻、顧亮、金問、莫諟、莫禮、莫轅、陳堯道、朱應辰、吳文泰、張璚、王行、李鼎、盛寅、莫震。弘治六年吳縣知縣史俊建。嘉靖七年，吳縣知縣蘇佑修，增祀莫旦、盧雍。」可知此志刊刻至少應在弘治六年（1493）以後。分見〔明〕莫震纂，莫旦增修，莫昊繕寫，《石湖志》，卷2，〈總敘〉，頁1a；〔清〕李銘皖等修、馮桂芬等纂，《（同治）蘇州府志》（收入《中國地方志叢書‧華中地方‧第五號》，影印清光緒九年[1883]刊本，臺北：成文出版社，1970），卷36，〈壇廟祠宇〉，頁63a-63b。

10 〔明〕孫顯修，莫旦纂，《（弘治）吳江志》（收入劉兆祐主編，《中國史學叢書三編》，第四輯，影印國立中央圖書館藏明弘治元年[1488]刊本，臺北：臺灣學生書局，1987），卷首，〈吳江志凡例‧事實始末〉，頁1a。

傳世。現存最早的縣志是莫旦編纂的弘治《吳江志》二十二卷。

　　《吳江志》最初的稿本為二十卷本的《松陵志》，據天順元年（1457）三月莫旦〈松陵志序〉載：

> 吳江……舊有《圖經》一編，莫詳創始，而紀載弗經。我朝洪武、永樂中，雖有修者，惜乎舊無刻本，而傳寫舛訛，人亦罕能遍觀盡識。歲甲戌（景泰5年）秋，嘗奉文修纂，意其迫於期限之嚴，未能詳備，覽者病之。旦生斯長斯，忝育庠序，因不自揣，於暇日編而輯之，重立例目，參以郡志，詢諸故老，述諸見聞，損益補訂。越一載，始克成編，為卷二十，為類二十有七，類各有序，名曰《松陵志》。[11]

可見莫旦早在景泰五年為吳江縣學生員時，即開始參與修志。時朝廷為纂修《大明一統志》，檄文州縣徵稿，吳江縣奉文開局於聖壽寺，莫旦與縣學生員何昇受命撰稿。稿成進呈後，莫旦有感於志稿迫於期限未能詳備，於是重立例目，損益補訂，歷時一年編成二十卷本的《松陵志》，於景泰七年（丙子，1456）呈蘇州府類總。[12]

---

[11] 〔明〕曹一麟修，徐師曾纂，《（嘉靖）吳江縣志》（收入劉兆祐主編，《中國史學叢書三編》，第四輯，影印中央研究院歷史語言研究所藏明嘉靖四十年[1561]刊本，臺北：臺灣學生書局，1987），卷首，〈吳江縣志舊序‧莫旦‧松陵志序〉，頁4a-5a。

[12] 弘治元年（1488）〈莫旦‧吳江志序〉稱：「昔大明一統志之纂也，朝廷先期遣使采天下事實，吳江縣奉文集耆儒開局於聖壽寺，時旦與今致仕何訓導昇俱為邑庠生，為掌教陳先生實所命，往總其事，稿成上郡，

　　至於弘治《吳江志》的編修刊刻過程，莫旦在弘治元年
（1488）正月所撰〈吳江志序〉有更詳細的敘述。根據這篇序文，
景泰七年進呈的《松陵志》稿，只是配合朝廷編修總志「奉文修
纂」，並未刊行。莫旦頗以吳江志書迄無刊刻者為憾，他說：

> 稿成上郡，郡又類總進於朝，時丙戌[子]也。後旦二人私
> 相與議曰：「奉文纂修者，乃天下之書，其法當略，至其
> 一邑之中，亦自有書，其紀宜詳。今略者就緒，而詳者可
> 遂已乎？況吳江為南畿重地，迭為州縣餘五百年，而志書
> 未聞有板行者，其疆域、山川、風俗、人才、戶口、田
> 賦、學校、科名、牧守、政治與夫城池、坊市、官宇、橋
> 梁及詩文著述之類，忍使其日就泯滅乎？泯滅無聞，後人
> 興慨，非吾輩責乎？」[13]

莫旦於是搜得舊圖經一冊，及洪武十一年（戊午，1378）與永樂十
六年（戊戌，1418）奉文纂修之志書二冊，補苴刊落，合而成書，
凡十卷，此為莫旦第二次修訂吳江志。這個十卷本的吳江志原已

郡又類總進於朝，時丙戌也。」唯據寫於天順元年（1457）的〈松陵志
序〉：「歲甲戌（景泰五年，1454）秋，嘗奉文修纂，……詢諸故老，述諸
見聞，損益補訂，越一載，始克成編」，可知〈吳江志序〉「丙戌」應
為「丙子」（景泰七年，1456）之誤。分見〔明〕孫顯修，莫旦纂，《（弘
治）吳江志》，卷首，〈莫旦・吳江志序〉，頁1a-1b；〔明〕曹一麟
修，徐師曾纂，《（嘉靖）吳江縣志》，卷首，〈吳江縣志舊序・莫旦
・松陵志序〉，頁4b。

[13]　〔明〕孫顯修，莫旦纂，《（弘治）吳江志》，卷首，〈莫旦・吳江志
序〉，頁1a-2a。

獲得士人懷悅捐資準備付梓，後因其父莫震反對刊行而未果。莫
震認為：「古人著書多在暮年，如孔子年六十餘方定六經，汝為
此書，何遽刊行之驟也。」[14]頗有責其急切草率之意，刊刻之事
於是作罷。

　　成化元年（1465），莫旦取得舉人功名，居鄉待命期間，「因
暇再加編輯，重立例目，參以郡志諸書，……日積月累，總成二
十二卷，比前加詳。」[15]是為莫旦第三次修訂吳江志。此稿得到知
縣王迪支持，將以付印，又因王遷官他去而不果。其後並為蘇州
知府丘霽取以參修府志，可惜不久丘亦離職，志稿並隨之遺失。

　　成化十二年（1476），莫旦於新昌縣學訓導任上，根據底稿，
重錄成書。吳江縣令馮衡將予刊行，結果「馮亦以事去官，又不
果」。這是莫旦第四次修訂整理《吳江志》。到成化二十一年
（1485），莫旦以母喪解官返鄉，「因綴拾舊稿，益以新聞新見，
再纂成書」，此為莫旦第五次修訂吳江志。因縣令孫顯「捐資梓
行」，終得刊刻。總計吳江志從景泰五年開館編纂，到弘治元年
刊刻問世，前後歷時三十餘載。其間跌宕起伏，艱苦備嘗，莫旦
坦承修纂吳江志之初，「少年氣銳，每有不遇時之歎，屢起屢
仆，轉三十五年」，然而他也強調「前日之所以不遇者，蓋天使
有待於今日也。不然，安得若是之粗備哉！」[16]印證了其父莫震

---

[14] 〔明〕孫顯修，莫旦纂，《（弘治）吳江志》，卷首，〈莫旦‧吳江志
序〉，頁3a。

[15] 〔明〕孫顯修，莫旦纂，《（弘治）吳江志》，卷首，〈莫旦‧吳江志
序〉，頁3a-3b。

[16] 〔明〕孫顯修，莫旦纂，《（弘治）吳江志》，卷首，〈莫旦‧吳江志
序〉，頁3b-5a。

當年戒其操切的道理。

正德二年（1507），莫旦致仕家居期間，重閱前志，又編纂了《吳江續志》三卷，此志雖未傳世，但體例應與《吳江志》同。據吳洪《吳江續志序》稱：

> 余友莫先生景周，昔在庠序時，嘗纂《吳江志》二十二卷，垂三十年，縣尹華州孫君顯始刻以傳。今又二十年，先生以南京國子學正致仕家居，再閱前志，謂舊事有失收者，新事有未備者，宜加續入。方欲舉筆，適太守四會林公思紹聘纂《孝宗敬皇帝實錄》，《實錄》既成，乃取事蹟有關於吳江者，為《續志》三卷，新舊畢錄，可謂備矣。[17]

從《松陵志》、《吳江志》到《吳江續志》，總計莫旦投入吳江縣志的纂修，前後綿延五十年之久，其畢生心力可謂盡萃於此。

弘治《吳江志》書首有「凡例」，除了說明編輯體例及取材原則，並提及該書命名《吳江志》是因「吳江迭為州縣，若稱《吳江縣志》則遺其州，稱《吳江州志》則遺其縣，今只題《吳江志》而已。」[18]一字之差，可見此志命名之深意。全編二十二卷，唯書首總目將附錄題為二十三卷，「凡例」又稱：「門類題目凡三十又八」，唯細查全編共有四十類，或為付梓時門類又有

---

[17] 〔明〕曹一麟修，徐師曾纂，《（嘉靖）吳江縣志》，卷首，〈吳洪・吳江續志序〉，頁11a-11b。

[18] 〔明〕孫顯修，莫旦纂，《（弘治）吳江志》，卷前，〈吳江志凡例〉，頁1b。

增損所致。除卷一、卷十二外，各卷所含門類二至八類不等，
二、三類者如：卷四分「祀典」、「官學」，卷五記「橋塘」、
「坊牌」、「形勝」，卷九載「鄉賢」、「去思」，八類者如卷
二有「沿革」、「疆域」、「鄉都」、「城池」、「市鎮」、
「山川」、「板籍」、「貢賦」。每類之前均有小序敘明該類旨
趣，合共四十編。

　　值得注意的是，凡例中特別提及志中對莫旦父祖一概稱名不
諱，說：「吳江本旦父母之邦，父祖之名稱於志中有所不諱者，
非一家之私書故也，觀子思稱『仲尼曰』可見。」[19]莫旦作為
「父母之邦」的吳江史志的編纂者，顯然意識到父祖事蹟見於書
中乃是不可避免之事。弘治《吳江志》載述鄉邦人物的類目，主
要見於卷八至卷十一，其中記錄吳江本地士人功名事蹟的篇章見
於卷八的〈科第〉與〈歲貢〉、卷九的〈鄉賢〉，及卷十的〈薦
舉〉。[20]按，本書卷八所錄洪武至弘治間明朝舉人進士共四十九
人，綺川莫氏有莫震（正統三年[1438]戊午科舉人，四年[1439]登進士）、
莫宏（景泰四年[1453]癸酉科舉人）、莫旦（成化元年[1465]乙酉科舉人）。
加上同卷宋朝科第有莫氏先世、宋理宗（趙昀，1205-1264，1224-1264在
位）寶慶二年（1226）進士莫子文，卷十〈薦舉〉有洪武二十一年
（1388）以稅戶人才授戶部員外郎的莫禮，[21]莫氏有功名宦歷見於

19　〔明〕孫顯修，莫旦纂，《（弘治）吳江志》，卷首，〈吳江志凡例〉，
　　頁1b。
20　〔明〕孫顯修，莫旦纂，《（弘治）吳江志》，卷9包含「鄉賢」「去
　　思」兩類，卷10共有「薦舉」、「武臣」、「寓賢」三類，唯「去
　　思」、「武臣」、「寓賢」所載皆非吳江本地人事蹟。
21　〔明〕孫顯修，莫旦纂，《（弘治）吳江志》，卷10，〈薦舉〉，頁
　　4b，曰：「莫禮，字士敬，綺川人。洪武二十一年以人才授戶部員外

弘治《吳江志》者共五人。其中除了莫旦本人中舉的「成化元年乙酉科」僅書其名未自述事蹟外，餘皆可見相關先祖世系，莫子文的傳略尤詳，其文曰：

> 莫子文，字仲武，綺川人。仕至知廣德軍兼內勸農營田事，賜緋魚袋致仕。初知嘉興縣，考滿候代，文奉使王疇行括田之令，公一切不從，以抗拒朝命被黜。理宗兩賜敕諭，以仁人稱之。後吏部尚書趙以夫首言，能拒括田之令，甘心受譴，不以病民中術，授道州通判，美政及人為多。臨終自撰墓志甚詳，年八十二。葬吳縣靈巖鄉宴宮里。子若鼎，嘉興錄事參軍，孫中孚直顯文閣。七世孫禮，洪武中戶部侍郎。[22]

透過「科第」類名氏，莫旦敘明了其曾祖莫禮為南宋莫子文七世孫、莫震為莫子文九世孫、莫宏為莫震姪。對其父莫震的事蹟，亦著墨甚多：

郎。」《（正德）姑蘇志》、《吳中人物志》俱載莫禮以稅戶人才授官。雷禮《國朝列卿紀》稱：莫禮「洪武中以歲貢入太學」為誤。分見〔明〕王鏊等修，《（正德）姑蘇志》（收入吳相湘主編，《中國史學叢書》，臺北：臺灣學生書局，1986），卷55，〈人物‧薦舉〉，頁20b；〔明〕張昶，《吳中人物志》（臺北：臺灣學生書局，1979），卷4，〈薦舉〉，頁11a；〔明〕雷禮，《國朝列卿紀》（臺北：文海出版社，1984），卷35，〈國初戶部侍郎行實〉，頁12b。

22 〔明〕孫顯修，莫旦纂，《（弘治）吳江志》，卷8，〈科第〉，寶慶二年王會龍榜，頁2b-3a。

　　莫震，字霆威，一都綺川人，前子文九世孫。施槃榜進
　　士。歷嘉魚、海鹽知縣，陞建寧通判，旌異，仕至延平府
　　同知。在嘉魚奏革五重湖、河泊所，重建縣治、學校，立
　　仰高亭，修《嘉魚志》。所作有《由菴集》。[23]

此外，莫氏先祖見於弘治《吳江志》者還有洪武初年的莫轅。轅
為莫禮之父，無功名，成化間入祀鄉賢，弘治《吳江志》卷九有
「本朝處士貞孝先生莫公轅」，傳文多達七百餘字，[24]文長為全
志之冠。由此可見，莫旦為吳江這個「父母之邦」修志，對先祖
的記述不僅是謹守體例上的「稱名不諱」而已，而且是有意地多
加著墨以宣揚莫氏的德行功業。方志與族譜關係密切，[25]其中幽
微或即在此。

23　〔明〕孫顯修，莫旦纂，《（弘治）吳江志》，卷8，〈科第〉，正統三
　　年戊午科，頁5b。
24　〔明〕孫顯修，莫旦纂，《（弘治）吳江志》，卷9，〈鄉賢〉，頁7b-
　　9a。此外，《（正德）姑蘇志》、《西園聞見錄》、《本朝分省人物考》
　　等書皆有莫轅傳，唯文皆簡略。分見〔明〕王鏊等修，《（正德）姑
　　蘇志》，卷53，〈人物・孝友〉，頁19a-19b；〔明〕張萱，《西園聞見
　　錄》（收入周駿富輯，《明代傳記叢刊》，第116冊，臺北：明文書局，
　　1991），卷1，〈孝順〉，頁13b；〔明〕過庭訓，《本朝分省人物考》
　　（臺北：成文出版社，1971），卷18，〈南直隸蘇州府〉，頁18a-18b。
25　林天蔚，〈方志與族譜之關係及其聯合研究之價值〉，收入中國地方文
　　獻學會編，《中國地方文獻學會年刊》（臺北：中國地方文獻學會，
　　1982），頁77-88。王燕飛，〈家譜與方志關係小議〉，《江蘇圖書館學
　　報》，2002:6（南京，2002.12），頁28-29。戴思哲（Joseph R. Dennis）
　　研究萬曆《新昌縣志》的編纂者指出：新昌縣、潘、俞三大家族利用縣
　　志這個載體來宣揚和保存其家族的業績，形同呂、潘、俞三姓的「公
　　共家譜」。見戴思哲，〈談萬曆《新昌縣志》編纂者的私人目的〉，
　　收入上海圖書館編，《中華譜牒研究——邁入新世紀中國族譜國際學
　　術研討會論文集》（上海：上海科學技術文獻出版社，2000），頁156-

三、以教為職：成化《新昌縣志》與莫旦的小儒志業

成化元年，莫旦領鄉薦，春闈屢試不第，後授浙江紹興府新昌縣學訓導。成化十一年（1475）赴任之前，翰林院侍講學士丘濬（1421-1495）有〈送莫旦赴新昌司訓〉贈詩曰：

> 官以教為職，身偕道為徒；開門揖淵騫，登堂講唐虞。
> 秩微道則尊，心閒體自舒；況茲新昌邑，山水清有餘。
> 衿佩紛濟濟，泮宮高渠渠；名教有真樂，咀嚼皆通駛。
> 燕居恆申申，進止何徐徐；雖無驥從多，幸自勉奔趨。
> 回看名利場，官味或不如；勉哉踐實地，從人笑吾迂。[26]

詩中說「官以教為職，身偕道為徒」雖是期勉之辭，卻也頗能如實反映莫旦日後在訓導任上的成績。如前節所述，莫旦於成化十二年新昌訓導任上，第四次修訂《吳江志》，因知縣馮衡離任未

162。Joseph R. Dennis, "Between Linage and State: Extended Family and Gazetteer Compilation in Xinchan g County," *Ming Studies*, 45-46(2002), pp. 69-113.

[26]〔明〕丘濬，《重編瓊臺稿》（收入《景印文淵閣四庫全書》，第417冊，臺北：臺灣商務印書館，1983），卷1，〈送莫旦赴新昌司訓〉，頁22a-22b。丘濬自述贈詩緣起，曰：「松陵莫旦景周，予乙酉（成化元年）京闈取士也。惟淳而謹，留心古學，於古今文體，無不究心焉者，蓋有志之士也。連試禮部皆不如意，今年春，予承命校文，而生又在所試之中，過眼空迷，心甚愧不能買羊沽酒，以效東坡之謝李方，於其赴新昌司訓也，書以贈之。」亦收於〔明〕李楫修，莫旦纂，《（成化）新昌縣志》（明成化十三年[1477]修，正德十四年[1519]刊本，臺北：國家圖書館藏微卷），卷2，〈沿革〉，頁6a。

能刊行。同年，莫旦受新昌縣令黃誠夫、紹興府同知黃璧之託，於講授之暇獨力纂修《新昌縣志》，歷時半年餘，於成化十三年（1477）完稿並在新任知縣李楫的支持下付梓。相較於弘治《吳江志》編纂、易稿以至刊刻的曲折，《新昌縣志》的編刊可謂出奇順利。據黃璧〈新昌縣志後敘〉稱：

> 新昌……余嘗以公務至焉，暇或登高遠眺，見其山川如是，人物如是，而圖志則無聞焉，古今事蹟泯無傳焉，深為可慨。因與前令吳江黃君誠夫語及之，誠夫有意於斯，尋拜御史而去而弗果。未幾，其同門友莫君旦以乙榜來為司訓，誠夫以余言屬之，莫曰：「此吾志也，亦吾責也。」遂於講授之暇，重為纂而修之，不期月而成編，凡一十六卷。[27]

全書諸卷又各分門類，合共五十二類，每類之前各有小序敘其要旨，與弘治問世的《吳江志》體例相同。黃璧盛讚此志「有圖像以考山川疆域之遠近，人物衣冠之肖貌，有詩文以修古今之體製，氣運之盛衰。鄉賢有祠，則別賢否而進退之；去思未祠，則定其位號而創始之。」[28]又於「學校、祀典、賦稅、職役之類，莫不各有論斷。」[29]對此志體例嚴整兼重垂教範俗頗為肯定。

---

27 〔明〕李楫修，莫旦纂，《（成化）新昌縣志》，卷末，〈黃璧・新昌縣志後敘〉，頁1b-2a。
28 〔明〕李楫修，莫旦纂，《（成化）新昌縣志》，卷末，〈黃璧・新昌縣志後敘〉，頁3a-3b。
29 〔明〕李楫修，莫旦纂，《（成化）新昌縣志》，卷末，〈黃璧・新昌

這也是明代現存最早的新昌縣志，繼之者為呂光洵（1508-1580）重修的萬曆志。呂光洵曾謂成化莫志「敘述詳而乏體要」，張元忭（1538-1588）萬曆《紹興府志》則批評其書「俚甚，學究筆也。」[30]但張氏也直指呂光洵新昌志人物傳「語多夸誕」，如「所謂十進士、六進士云者，考之故籍，無有也。又言石氏義塾延明道為師，而文、韓、杜、呂四相皆出其門，則益誕甚矣。」[31]顯見他對新昌前後兩志都不滿意。耐人尋味的是，張元忭指莫旦新昌志是「學究」之筆，確與莫志特殊的寫作方式有關。書中常見莫旦以師生問答作論，有如縣學授徒之講義，如卷二〈沿革〉於「望新昌縣」條下，以「策問：入太廟，每事問」開頭說：

> 吾夫子非不知而問也，謹之至也。聖人且然，而況於常人乎！新昌為越上郡，邑諸士子父母之邦也，古今事蹟載諸簡冊、接於見聞者，不能枚舉，姑摭其尤者以問，願求所以相長之益焉。[32]

接著即問：「仰觀天文分野，□於何度？俯察地理疆域，屬於何州？置縣肇於何人？納款在於何歲？戶口盛於何代？賦稅豐於何時？……至於仕宦也，何人為最顯？氏族也，何家為最舊？亭館

縣志後敘〉，頁4a。

[30] 〔明〕蕭良幹修，張元忭、孫鑛等纂，《（萬曆）紹興府志》（收入《四庫全書存目叢書》，史部第200-201冊，影印北京師範大學圖書館藏明萬曆刻本，濟南：齊魯書社，1996），卷50，〈序志〉，頁12a。

[31] 〔明〕蕭良幹修，張元忭、孫鑛等纂，《（萬曆）紹興府志》，卷50，〈序志〉，頁12a-12b。

[32] 〔明〕李楷修，莫旦纂，《（成化）新昌縣志》，卷2，〈沿革〉，頁2a。

何者為最勝？土產何者為最珍？之數者皆考核未詳而不能無疑
也。」[33]其後接「對」，以學生語氣逐一回答前述提問。特別的
是，在顯得冗長的學生應答文字之末，還註明「謹對」的生員姓
名徐志獻。[34]

又如，卷五〈治所〉「文昌祠」條下，莫旦也以「策問」形
式，從「異端邪說，人人得而攻之」出發，針對學宮立文昌祠奉
梓潼帝君的現象提問：

> 夫攻異端莫先於毀淫祠，今天下學宮皆奉梓潼之神，果淫
> 祠歟？抑正神歟？學校，風化之本源也，於風化本源之地
> 立一淫祠，果法所當然歟？且其人何姓何名？生於何地？
> 顯於何時？有何功德之可崇重歟？其書有九十七化，事涉
> 妄誕，詞亦鄙俚，果其人自言歟？抑亦淺夫昧士之所妄撰
> 以欺世歟？……。[35]

其後收有生員張儀廷長篇應答文字，闡述「毀其淫而崇其正」，
慨言宜以餘屋改為去思祠，奉祀來仕新昌的范仲淹（989-1052）、
歐陽修（1007-1072）和流寓此地的程顥（1032-1085）、朱熹（1130-
1200），「果能肖其衣冠，分列牌位，尊崇而奉祀之，其過於奉

---

33 〔明〕李楫修，莫旦纂，《（成化）新昌縣志》，卷2，〈沿革〉，頁
　　2a-2b。
34 所錄生員徐志獻應答內容，文長不贅引，詳見〔明〕李楫修，莫旦纂，
　　《（成化）新昌縣志》，卷2，〈沿革〉，頁2b-4b。
35 〔明〕李楫修，莫旦纂，《（成化）新昌縣志》，卷5，〈治所・文昌
　　祠〉，頁11a。

梓潼也遠矣。」[36]

　　綜上可知，成化《新昌縣志》不僅在體例上可見莫旦的自出心裁，顯示其不盡依循朝廷統一則例修志的「非規範性」，而其內容之著重立教化俗，雖然出於「以教為職」的儒學正統，充滿後人批評的「學究」意味，但論書寫形式的「個人風格」，則顯為同時及其後方志所未見。

四、肖貌猶存：圖像志與鄉賢入祠

　　近人評論明代文人參與修志，有些纂修者倉促從事，考述不精，「有些志書還師心自用，標奇立異」，例如：陳士元纂嘉靖《灤州志》「模擬《春秋》筆法自問自答。莫旦纂弘治《吳江志》，竟置『鄉賢祠諸公像』、『去思祠諸公像』。」都是「標奇立異」的顯例。[37]其中莫旦修志置「圖像卷」一事，特別值得注意。

　　按明代志書中置人物像，為莫旦首創，除了弘治《吳江志》，更早刊刻問世的成化《新昌縣志》亦以「圖像」為首卷，置有「廟學圖」、「鄉賢祠圖」、「去思祠圖」、「宋知新昌縣林公（安宅）德政圖」、「四相侍講圖」、「克齋會友圖」、「大明孝子胡君（胡剛）之像」、「大明孝子小齋先生呂翁（呂

---

[36] 所錄生員張儀廷應答，文長不贅引，詳見〔明〕李楒修，莫旦纂，《（成化）新昌縣志》，卷5，〈治所‧文昌祠〉，頁11b-13b。

[37] 黃葦，《方志學》（上海：復旦大學出版社，1993），頁201-203。

升）之像」，[38]首創方志全卷以人物繪像成編之體例。[39]然而，從明代方志體例的規範化來看，成化《新昌縣志》與弘治《吳江志》的「立異」，毋寧更反映明代前期地方志多元自主的特色。

莫旦於成化《新昌縣志》〈圖像〉序中說明該書「以圖像為開卷第一」的目的稱：

> 太古之時，倉頡制字而書法興焉；始皇制畫，而圖像立焉，皆聖人之筆也。周人以畫統於周官，與書法並行，垂憲萬世，其功偉矣。故凡山川之形勝，地理之遠近，都邑之廣狹，宮室器用之等威，人物衣冠之肖貌，忠孝節義之流風，與夫祭祀飲射升降之儀，所以助名教而厚風俗、示勸戒而起觀瞻者，非圖像將何所寓哉！故此書所以以圖像為開卷第一也。彼車馬士女之邀宴，花鳥蟲魚之侈麗，使人溺志盪心而不返，惡可同日語哉！[40]

成化《新昌縣志》第一卷編排了總共三十五幅的圖像，包含十五幅「圖」，依序是：「縣境圖」、「縣市圖」、「縣治圖」、「廟學圖」、「貞烈圖」、「宋知新昌縣林公德政圖」、「陳氏

---

[38] 本書卷目未列首卷所有圖像之目錄，圖、像名稱詳見〔明〕李楫修，莫旦纂，《（成化）新昌縣志》，卷1，〈圖像〉，頁1a-20b。

[39] 陳光貽指出，成化《新昌縣志》首卷置圖像「旨在以表形象為重，繪圖成編之方志，亦為莫旦首創。」見陳光貽，《中國方志學史》（收入周一良主編，《大學歷史叢書》，福州：福建人民出版社，1998），頁148-149。

[40] 〔明〕李楫修，莫旦纂，《（成化）新昌縣志》，卷1，〈圖像‧序〉，頁1a。

桂山東塾圖」、「禮器圖」、「割牲圖」、「釋奠圖」、「鄉賢祠圖」、「去思祠圖」、「本朝知新昌縣賈公去任圖」、「四相侍講圖」、「克齋會友圖」；以及「宋義士石城先生石公像」至「大明都察院左僉都御史諡恭惠楊公像」的20幅「像」。

其後，在弘治《吳江志》卷一〈圖像〉的序言中，莫旦更清楚解釋了「圖」與「像」的區別，他說：

> 古者有虞作繪，殷宗形求，後世山經地志之有圖像者，本諸此也。蓋圖所以摹寫其形勝，像所以點照其容儀。使人觀圖則有以知疆域山川之遠近，宮宇祠廟之等威；觀像則有以見衣冠肖貌之猶存，流風餘韻之不泯。一開卷間，森然在目，所以存故實而備考究者在是，所以聳觀瞻而起廢墜者在是，其於世教也豈小補哉！[41]

換言之，「圖」是摹寫疆域、山川、宮室、祠廟之「形勝」，「像」則是點照人物的「容儀」以存其衣冠肖貌。考察各幅圖像之題名，或稱「某某圖」，或稱「某某像」，可以概見其謹守區分圖像與先圖後像之編排原則。

弘治《吳江志》計有圖十九，像二。圖依序為「吳江縣疆域之圖」、「縣市圖」、「縣治圖」、「□□勝跡圖」、「八景圖」、「儒學圖」、「石湖山水圖」、「范文穆公綺川亭圖」、「鶯湖勝跡圖」、「城隍廟圖」、「風雲雷雨山川壇圖」、「社

---

[41] 〔明〕孫顯修，莫旦纂，《（弘治）吳江志》，卷1，〈圖像・序〉，頁1a。

稷壇圖」、「五高祠圖」、「邑厲壇圖」、「顧公祠圖」、「太湖水神廟圖」「思鱸返棹圖」、「震澤別業圖」、「顧侍郎著玉篇圖」。像有:「鄉賢祠諸公像」、「去思祠諸公像」,這二十一幅圖像構成了整個第一卷的內容。

相較於較早刊刻的成化《新昌縣志》,弘治《吳江志》圖像志明顯轉為「圖多像少」,增減的考量為何,不得而知。莫震纂修、莫旦增修的《石湖志》也是以圖像為首卷,該志十五幅圖像中,「圖」僅有三:「石湖鄉賢祠圖」、「宴集圖」、「莫氏壽慶圖」;「像」則有十二:依次為「宋參知政事少師范文穆公像」、「宋朝請大夫廣德知軍莫公像」、「大明徵士居士密先生盛公之像」、「大明戶部尚書郁公之像」、「大明青州府知府薇村口公像」、「大明蘇學訓導寄翁朱先生像」、「大明涿州同知愚菴吳公之像」、「大明戶部左侍郎東村莫公像」、「大明處士南村先生張公之像」、「大明處士貞孝先生莫公像」、「大明吏部左侍郎兼左春坊左贊善贈本部尚書吳山許公像」、「大明行在太醫院御醫盛公像」、「大明進士延平府同知莫公像」。其最終一幅「大明進士延平府同知莫公像」即莫旦父莫震,像之周圍有莫旦女婿刑部郎中趙寬的「像贊」。[42]雖然由於史料缺略,無法確定這些圖像是否為莫旦增修後所加,但由莫旦主纂的成化《新昌縣志》與弘治《吳江志》皆「以圖像為開卷第一」來看,《石湖志》一樣以圖像為首卷,又特重人物像的編排,應可推斷其體例與取材皆出自負責「增修」的莫旦而非其父莫震。

---

[42] 〔明〕莫震纂,莫旦增修,莫昊繕寫,《石湖志》,卷1,〈圖像〉,頁15a-21b。

　　值得注意的是，吳江傳世志書中的第二部縣志──徐師曾主纂的《嘉靖吳江縣志》。此志係以莫旦弘治《吳江志》為藍本，並參用了吳江士人陳理在莫志基礎上編纂的《吳江志》未成稿，修正了莫志的一些訛誤，其史料價值也遠勝於前志。在明代諸志中，素受學者推崇，譽為「佳志的代表」。[43]該書卷首包含「舊序」與「繪圖」兩部分，「繪圖」收錄的圖，依序為：縣境圖、縣郭舊圖、縣城舊圖、縣城新圖、縣治舊圖、縣治新圖、儒學舊圖、儒學新圖、縣境通道圖，共計九幅。其篇名曰「繪圖」而不稱「圖像」，因為按照莫旦的圖、像區分，此書確實只有「圖」，沒有「像」。這也顯示，莫旦以後修纂的吳江志不僅不再於首卷專立「圖像」卷，而且在方志中編排大量人物繪像亦不復見。

　　成化、弘治間，莫旦先後修成《新昌》、《吳江》二志，加上為其父莫震增修的《石湖志》，都專立〈鄉賢〉類目，如：成化《新昌縣志》卷十二記〈鄉賢〉，弘治《吳江志》卷九分載〈鄉賢〉、〈去思〉，《石湖志》卷四述〈鄉賢〉。[44]值得追究的是，莫旦修志格外重視圖像，特別是人物像，與成化年間各地儒學奉詔建立「鄉賢祠」的背景有密切關係。

　　明代州縣鄉賢祠之設立，各地先後不一。從《明實錄》的記述來看，各地鄉賢祠的建置，主要集中於成化至嘉靖年間。成化以前，各地廟學中地方名賢的崇祀，基本仍沿襲宋元舊規，也

---

[43] 吳江區檔案局、吳江區方志辦編，陳其弟點校，《嘉靖吳江縣志》（揚州：廣陵書社，2013），「校注說明」。

[44] 《嘉靖吳江縣志》人物志共有7卷（卷21至27），唯並未置「鄉賢」卷。

就是「先賢祠」或「鄉先生祠」的性質，有些地方甚至與「忠節祠」混淆不分。成化、弘治以後，隨著地方廟學祀典的制度化，明代「鄉賢」的奉祀具體限定在「生於其地」的「鄉人」，因而與「仕於其地」的「名宦」、「居於其地」的「寓賢」區隔日趨明顯。[45]莫旦於〈吳江志序〉中提到：成化元年中舉後，居家待次數年期間，因暇「再加編輯，重立例目」，日積月累，總成比前加詳的二十二卷《吳江志》，此時「會提學陳御史選行文立鄉賢祠，時王尹迪詢謀於眾，得前輩之學行卓異者十五人，為之立祠，且以入志。方欲梓行，而王以陞任不果。」[46]足見吳江縣鄉賢的「立祠」與「入志」，是知縣王迪將以付梓的關鍵。其後雖因王迪升官他去而未能如願，但結合「鄉賢」的文字表彰和「圖像」的存其肖貌，可以「示勸戒而起觀瞻」，應是莫旦始終如一的修志理念與特色，而成化《新昌志》、弘治《吳江志》、《石湖志》三書皆「以圖像為開卷第一」且特重人物像，亦應由此背景理解。

五、結語

晚明松江士人何良俊（1506-1573）曾比較蘇、松人才之盛衰，認為與兩地士風不同有關，他說：

---

[45] 林麗月，〈俎豆宮牆：鄉賢祠與明清的基層社會〉，收入黃寬重主編，《中國史新論·基層社會分冊》（臺北：聯經出版事業公司，2009），頁327-372。

[46] 〔明〕孫顯修，莫旦纂，《（弘治）吳江志》，卷首，〈莫旦·吳江志序〉，頁3b。

> 吾松江與蘇州連壤，其人才亦不大相遠。但蘇州士風，大
> 率前輩喜汲引後進，而後輩亦皆推重先達。有一善則褒崇
> 贊述無不備至，故其文獻足徵。吾松則絕無此風，前賢美
> 事皆湮沒不傳，余蓋傷之焉。[47]

何氏強調松江人才之所以不如蘇州，關鍵在蘇州士人對地方前賢
「褒崇贊述無不備至，故其文獻足徵」，因此鄉邦文獻的褒崇
與人才多寡的關係至關密切。景泰年間即開始投入縣志編纂的
莫旦，前後經過五次易稿增訂，歷時三十餘年始成弘治《吳江
志》。若加上正德二年修成的《吳江續志》，總計莫旦投入吳江
縣志的纂修，前後綿延五十年之久，其心繫鄉邦文獻，致力地方
存史，真如何良俊所謂「戀戀桑梓，正如萎者思起，盲者思視，
何嘗頃刻忘之。」[48]其畢生學術志業亦可謂盡萃於斯。

　　莫旦為吳江這個「父母之邦」修志，在凡例中聲明「父祖
之名稱於志中有所不諱者，非一家之私書故也。」地方志作為地
方歷史文化的載體，本來就具有其「公共性」，莫旦所謂「非一
家之私書」意蓋近於此。唯細觀莫旦所纂鄉邦志書，其父祖莫子
文、莫轅、莫禮、莫震事蹟不僅見於《吳江志》，亦書於莫震主
纂、莫旦增修的《石湖志》，莫子文、莫轅、莫震的傳文，著墨
明顯多於他姓，《石湖志》卷四〈鄉賢〉中的莫震傳記，甚至

---

[47] 〔明〕何良俊，《四友齋叢說》（北京：中華書局，1959），卷16，史
12，頁134。

[48] 〔明〕何良俊，《何翰林集》（收入《四庫全書存目叢書》，集部第142
冊，影印明嘉靖四十四年[1565]何氏香嚴精舍刻本，濟南：齊魯書社，
1995），卷21，〈與莊小山書〉，頁11a。

以「先君」直稱傳主，德言事功的敘寫更是格外詳盡。[49]可見莫
旦纂修家鄉志書，對先祖的記述並不僅是謹守體例上的稱名不諱
而已，而是有意地多加著墨以「褒崇贊述」莫氏的德行功業。
從這個角度看，莫旦畢生致力纂修吳江縣志，可以說既是「為鄉
邦」，也是「為父祖」。

莫旦於浙江新昌縣訓導任上獨力修成的成化《新昌縣志》，
不僅在體例上可見其自出心裁，更屢見以師生問答的形式闡述經
史，有如學宮講義，其內容著重垂教範俗，充滿後世士人批評的
「學究」意味，但論書寫形式的「個人風格」，則為同時及其後
方志所未見。

整體而言，莫旦所纂方志最大特色為以「圖像」獨立一卷，
《吳江》、《石湖》、《新昌》三志不僅皆「以圖像為開卷第
一」，且都明確區分「圖」與「像」，有的像多於圖，有的圖
多於像，但三書中描摩鄉邦人物的「像」則從未缺席，相對於
「圖」，莫旦修志更重「像」。此與成化年間詔令州縣學宮建
立鄉賢祠、鄉邦人物事蹟先後入志的時代背景有關，莫旦結合
「鄉賢」卷的文字贊述和「圖像」卷的人物肖貌，深信可以起觀
瞻、示勸戒，大有裨於鄉里教化，凸顯了莫旦的修志理念與個人
特色。

綜言之，從方志纂修的規範化來看，成化《新昌縣志》與弘
治《吳江志》的「標奇立異」，毋寧更反映明前期方志體例尚未
統一的現象。而作為思想史料的方志文本，莫旦不僅可為考掘地

---

49 〔明〕莫震纂，莫旦增修，莫昊繕寫，《石湖志》，卷4，〈鄉賢・大明
  進士奉政大夫福建延平府同知致仕由庵先生莫公震〉，頁16a-17b。

方小儒秩序觀念的案例，對有關「地域化」與「正統化」議題的探討，莫旦與明代前期的方志也提示了值得拓展的思辨空間。

附圖1　石湖山水圖

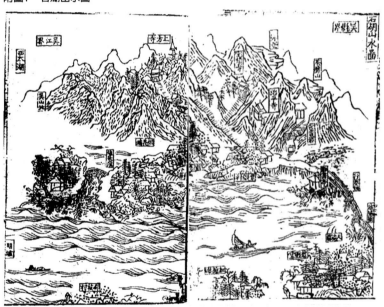

資料來源：〔明〕孫顯修，莫旦纂，《（弘治）吳江志》，收入劉兆祐主編，《中國史學叢書三編》，臺北：臺灣學生書局，1987年。

附圖2　鄉賢祠諸公像

資料來源：〔明〕孫顯修，莫旦纂，《（弘治）吳江志》，收入劉兆祐主編，《中
　　　　　國史學叢書三編》，臺北：臺灣學生書局，1987年。

附圖3　宋義士贈開府儀同三司刑部尚書石城先生石公（待旦）之像〔左〕；「克齋
　　　　會友圖」〔右〕

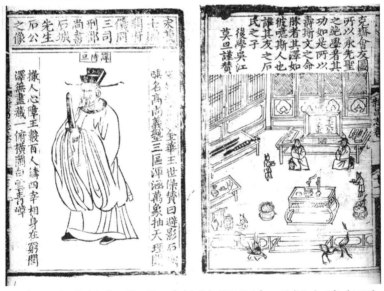

資料來源：〔明〕李楷修，莫旦纂，《（成化）新昌縣志》，明成化十三年（1477）
　　　　　修，正德十四年（1519）刊本，臺北：國家圖書館藏微卷。

附圖4　宋太常簿克齋先生石公（整）之像〔左〕；宋義士平壺陳公（雷）之像〔右〕

資料來源：〔明〕李楫修，莫旦纂，《（成化）新昌縣志》，明成化十三年（1477）修，正德十四年（1519）刊本，臺北：國家圖書館藏微卷。

徵引書目

官書典籍

〔明〕莫震撰，莫旦增修，莫昊繕寫，《石湖志》，收入《續修四庫全書》，第729冊，影印明刻本，上海：上海古籍出版社，1997年。

〔明〕孫顯修，莫旦纂，《（弘治）吳江志》，收入劉兆祐主編，《中國史學叢書三編》，第四輯，影印國立中央圖書館藏明弘治元年（1488）刊本，臺北：臺灣學生書局，1987年。

〔明〕丘濬，《重編瓊臺稿》，收入《景印文淵閣四庫全書》，第417-420冊，臺北：臺灣商務印書館，1983年。

〔明〕李楫修，莫旦纂，《（成化）新昌縣志》，明成化十三年（1477）修，正德十四年（1519）刊本，臺北：國家圖書館藏微卷。

〔明〕王鏊等修，《（正德）姑蘇志》，收入吳相湘主編，《中國史學叢書》，臺北：臺灣學生書局，1986年。

〔明〕劉啟東重修，賈宗魯纂，《（嘉靖）高淳縣志》，收入《天一閣藏明代方志選刊》，影印嘉靖五年（1526）修四十一年（1562）重刻本，上海：上海古籍書店，1963年。

〔明〕曹一麟修，徐師曾纂，《（嘉靖）吳江縣志》，收入劉兆祐主編，《中國史學叢書三編》，第四輯，影印中央研究院歷史語言研究所藏明嘉靖四十年（1561）刊本，臺北：臺灣學生書局，1987年。

〔明〕何良俊，《四友齋叢說》，北京：中華書局，1959年。

〔明〕何良俊，《何翰林集》，收入《四庫全書存目叢書》，集部第142冊，影印明嘉靖四十四（1565）何氏香嚴精舍刻本，濟南：齊魯書社，1995年。

〔明〕雷禮，《國朝列卿紀》，臺北：文海出版社，1984年。

〔明〕蕭良幹修，張元忭、孫鑛等纂，《（萬曆）紹興府志》，收入《四庫全書存目叢書》，史部第200-201冊，影印北京師範大學圖書館藏明萬曆刻本，濟南：齊魯書社，1996年。

〔明〕張昶，《吳中人物志》，臺北：臺灣學生書局，1979年。

〔明〕張萱，《西園聞見錄》，收入周駿富輯，《明代傳記叢刊》，第116-124冊，臺北：明文書局，1991年。

〔明〕過庭訓，《本朝分省人物考》，臺北：成文出版社，1971年。

〔清〕郭琇等修，《（康熙）吳江縣志》，清康熙二十三年（1684）刊本，影印自日本內閣文庫，臺北：漢學研究中心，1990年。

〔清〕潘檉章，《松陵文獻》，收入江柏慶主編，《江蘇人物傳記叢刊》，第36集，影印清康熙三十二年（1693）潘耒刻本，揚州：廣陵書社，2011年。

〔清〕陳勱纘等修，《（乾隆）吳江縣志》，收入《中國地方志叢書・華中地方・第一六三號》，影印清乾隆十二年（1747）修石印重印本，臺北：成文出版社，1975年。

〔清〕李銘皖等修，馮桂芬等纂，《（同治）蘇州府志》，收入《中國地方志叢書・華中地方・第五號》，影印清光緒九年（1883）刊本，臺北：成文出版社，1970年。

吳江區檔案局、吳江區方志辦編，陳其弟點校，《嘉靖吳江縣志》，揚州：廣陵書社，2013年。

專書

陳光貽，《中國方志學史》，收入周一良主編，《大學歷史叢書》，福州：福建人民出版社，1998年。

黃葦，《方志學》，上海：復旦大學出版社，1993年。

Dennis, Joseph R. *Writing, Publishing, and Reading Local Gazetteers in Imperial China, 1100-1700.* Cambridge, Mass.: Harvard University Press, 2015.

期刊及專書論文

王燕飛，〈家譜與方志關係小議〉，《江蘇圖書館學報》，2002年第6期，南京，2002年12月。

林天蔚，〈方志與族譜之關係及其聯合研究之價值〉，收入中國地方文獻學會編，《中國地方文獻學會年刊》，臺北：中國地方文獻學會，1982年。

林麗月，〈俎豆宮牆：鄉賢祠與明清的基層社會〉，收入黃寬重主編，《中國史新論・基層社會分冊》，臺北：聯經出版事業公司，2009年。

張英聘，〈論《大明一統志》的編修〉，《史學史研究》，2004年第4期，北京，2004年11月。

濱島敦俊，〈方志和鄉紳〉，《暨南史學》，第6號，南投，2003年7月。

戴思哲，〈談萬曆《新昌縣志》編纂者的私人目的〉，收入上海圖書館編，《中華譜牒研究——邁入新世紀中國族譜國際學術研討會論文集》，上海：上海科學技術文獻出版社，2000年。

Bol, Peter K. "Center for the Study of Local History in Jinhua," *Ming Studies*, 40, Fall,1998.

Bol, Peter K. "The 'Localist Turn' and 'Local Identity' in Later Imperial China," *Late Imperial China*, 24:2, December, 2003.

Dennis, Joseph R. "Between Linage and State: Extended Family and Gazetteer Compilation in Xinchang County," *Ming Studies*, 45-46, 2002.

清初皖籍修志名家方學成的著述

劉德美*

一、前言

　　本文主要是為紀念臺灣師範大學歷史系已故恩師王家儉教
授（1923-2016）而寫。王老師籍貫安徽省渦陽縣，地居黃淮平原中
部，我的老家江蘇省濱海縣（原隸淮安府阜寧縣，現屬鹽城市）
位於淮河入海處，在清康熙六年（1667），蘇、皖分省之前，同屬
江南布政使司，與老師有同鄉之誼，可謂有幸。老師專精清代海
軍史、明清思想史等領域，我讀師大歷史研究所時，忝列門牆，
修習「清史研究」課程，印象最深的是他在課堂上一直保持親切
的笑容，如沐春風，認真闡述專題，引導我進入學習清史之門，
碩博士論文遂都以清代教育史、學術史為題。我承蒙老師提攜，
民國六十六年（1977）有幸進入母系擔任助教，後因系裡課程安
排，轉向西洋上古史與西洋藝術史的教學，由於備課費時，荒疏
清史耕耘，如今緬懷師恩，特以「清初皖籍修志名家方學成的著
述」為題，向吾師致敬。在方學成的籍貫安徽旌德和仕宦之地山

---

* 國立臺灣師範大學歷史學系教授退休。

東夏津都有文史工作者關注他纂修方志的成就，但僅限於各自的縣志，未作全面研究，本文擬補其不足，綜觀他在所撰詩文與方志中著述的成就與貢獻，以期收發幽闡微之功。

二、方學成的生平

　　方學成（1682-?），字武工，一字履齋，號松台居士、敬亭山人，安徽省寧國府旌德縣人，他在詩文中常自稱「宛陵」、「宛上」之人，偶用「梅川」、「梟園」等地名。〈華南方氏先世紀略〉記其先祖德行，祖父君訓勤學自勵，父廷翰秉承家風，刻苦力學，棄儒業賈，家境漸富，資望德澤，見稱於時。[1] 母鄭氏二十九歲守寡，於學成而立之前去世，〈書先姑鄭孺人事略〉述其賢慧。[2] 學成習其祖德，自幼課讀於「飭經堂」，飭以立身、行己之道。成年後，主要的室名有「松華堂」、「學古齋」（三楹，為他在夏津縣署之東所建，公餘之暇誦讀之地，齋名得自《尚書‧說命》：「學于古訓乃有獲」。），[3]其他有「紡經堂」（從母學習之所）、[4]「硯堂」、「菘廬」等。他

1　〔清〕方學成，《松華堂集‧華南先德述》（收入清代詩文集彙編編纂委員會編，《清代詩文集彙編》，第283冊，上海：上海古籍出版社，2010），〈華南方氏先世紀略〉，頁6a-6b。

2　〔清〕方學成，《松華堂集‧華南先德述》，〈書先姑鄭孺人事略〉，頁7a-10a。

3　〔清〕方學成，《松華堂集‧學古齋偶錄》（收入清代詩文集彙編編纂委員會編，《清代詩文集彙編》，第283冊，上海：上海古籍出版社，2010），卷上，〈學古齋記〉，頁37a。

4　方學成，〈紡經堂記〉曰：「予小子學成、學錦早年孤苦，母鄭太君矢志力食，以教養予小子，冀幸其有成。暑則辟纑相向，躬親勸導，寒則

生於康熙廿一年（1682，1歲），[5]桐城人方正瑗於〈響泉齋四稿原序〉中稱：「松台固早孤而貧，以母教受六經、左、國、班、馬之書」，[6]奠定堅實基礎。少崇儒，兼習賈。為爭取功名，曾在唐山僧舍苦讀。[7]雍正元年（1723，52歲）借住於其好友許起昆在歙縣之檀園兩年，得以結交四方君子。[8]他天資聰穎，嗜好聚書，勤讀各種書，[9]博學能文，喜遊名山大川，瀏覽古蹟，也愛一丘

老屋篝燈，紡車獨撥，予小子環繞膝旁，以次習復，至戊夜始已。……然名不可以倖獲，而學實可以自勵。若遂因循怠廢，何以慰太君於九原，而使之即安也。」見〔清〕方學成，《松華堂集‧梅川文衍》（收入清代詩文集彙編編纂委員會編，《清代詩文集彙編》，第283冊，上海：上海古籍出版社，2010），卷6，〈記‧紡經堂記〉，頁7b-8b。

5　方學成的生年可確定，卒年不詳。有資料作1723-1795，顯然錯誤。因他自稱康熙五十年（1711）獲生員的科名，雍正五年（1727，46歲）秋被薦舉入都，不可能未出生即成秀才，十二歲即蒙薦舉。他於己丑年（康熙四十八年，1709）撰〈樂丈李翁六十壽序〉，稱：「予以壬戌（康熙二十一年，1682）始生。……今予犬馬之齒二十有八。」見〔清〕方學成，《松華堂集‧梅川文衍》，卷4，〈序‧樂丈李翁六十壽序〉，頁9a。本文亦以習慣用虛歲算其年齡。他在乾隆十七年（1752，71歲）參與纂修《（乾隆）旌德縣志》，乾隆十九年（1754，73歲）撰寫〈書後〉，至少享壽七十有三，絕非卒於乾隆六十年（1795），一百一十四歲。

6　〔清〕方學成，〈響泉齋四稿原序‧方序〉，收入《松華堂集‧梅川文衍》，卷首，頁7b。

7　〔清〕方學成，《松華堂集‧栗山詩存》（收入清代詩文集彙編編纂委員會編，《清代詩文集彙編》，第283冊，上海：上海古籍出版社，2010），卷3，〈七言古體‧歸紡經堂理殘稿有作（時讀書唐山）〉，頁6a-6b。

8　〔清〕方學成，《松華堂集‧檀園雅音》（收入清代詩文集彙編編纂委員會編，《清代詩文集彙編》，第283冊，上海：上海古籍出版社，2010），卷首，〈檀園雅音自序〉，頁1a-1b。

9　潘偉稱，方學成嗜學，「自經史諸子，稗官埜乘，浮圖、神仙、方伎之書，無所不窺。」見〔清〕潘偉，〈松華館合集序‧潘序〉，收入《松華堂集‧梅川文衍》，卷首，頁1a-1b。

一壑，親近自然。[10]即使任官後，公務繁忙，仍然好古力學，手不釋卷。勤於撰述，奮發之氣，自然流露於字裡行間。他擅長作畫與繪製地圖，「讀書之暇，常作墨筆梅菊，清勁異常，……復用其法以寓蓮」，[11]文集中保存多篇畫梅菊自題或贈友的詩文，《夏津縣志》裡面的圖，即為他的作品。

學成於康熙五十年（1711，30歲），受學臣張庭樞識拔，列名諸生。[12]康熙五十八年（1719，38歲），考取寧國、廣德等九所學校第一名，[13]列縣學廩生十餘年，其制藝之作斐然可觀，通常讀書人以「制藝文」（即八股文，又稱時文）為敲門磚，通過各級考試後，往往不屑也不再談及，學成相當獨特，將其方法巧妙與作品在其文集中專書討論，且置《春風堂試貼》於《梅川文衍》和《栗山詩存》之後，可見他對此類作品之重視，其目的在於「使往者有所垂，來者有所法」。他指出時文與古文的關係為：「蓋不能為古文者，必其並不知為時文者也」。[14]他的詩

10　〈怪石供序〉曰：「余性僻山水，每當層巒曲港，人跡所罕至者，輒思築室其中，醉田舍酒，讀古人書，以為娛樂。不必遠舉天台雁蕩之奇，衡岳匡盧之勝，只此一丘一壑，亦足以肆志嘯歌，悠然自適。」見〔清〕方學成，《松華堂集‧梅川文衍》，卷2，〈怪石供序〉，頁6a。

11　〔清〕方學成，《松華堂集‧歲寒亭畫句》（收入清代詩文集彙編編纂委員會編，《清代詩文集彙編》，第283冊，上海：上海古籍出版社，2010），〈題松台澂墨荷花（有序）〉，頁5a-5b。

12　〔清〕方學成，《松華堂集‧梅川文衍》，卷5，〈書後‧讀吳街南節孝李母孫太君傳書後〉，頁4b。

13　〔清〕方學成，《松華堂集‧梅川文衍》，卷4，〈序‧三兄葵園先生壽序〉，頁10b。

14　〔清〕方學成，《松華堂集‧梅川文衍》，卷2，〈序‧留町別集二序〉，頁8b。復云：「世謂時文勝而古文之法亡，此非有識者之言也。蓋文莫典於六經，而四子又為最雅。後人談道理性之書，固無有過於六經四子，而文章之流別，卒亦未有不本於六經四子者。」見同書，卷2，

與古文詞先後獲得多任江南學政稱讚，如吉水李振裕（1641-1707，康熙24年[1685]任）、宛平高裔（康熙27年[1688]任）、遂寧張鵬翮（1649-1725，康熙33年[1694]任），[15]尤其受韓城張庭樞（康熙42年[1703]任）以及昆明謝履厚（康熙56年[1717]任）賞識，被目為國士。他特地將梅鶚（鳧山）、王之績（鐵立）、郭聘（研盧）三家連同自己的詩文，合為《響泉齋四稿》，上呈謝履厚，以報知遇之恩。[16]雍正五年（1727）秋，獲知府黃叔琪（字瑤圃、堯圃，康熙五十九至雍正十一年[1720-1733]任寧國府知府，其兄黃淑璥為首任巡臺御史，著《臺海使槎錄》）推舉孝友端方才能文藝，入都；七年（1729，48歲）春，始入仕途，歷署山東省棲霞、武城、邱縣等縣事；翌年冬署夏津（十一月初九日到任）。乾隆元年（1736）夏，實授夏津知縣；七年（1742，61歲），十一月初一日，以「失察罣誤」，於離任時，因身無長物，士民不捨而感泣。他知夏津縣事十二年間，對該縣的幅員、道里、村落、戶口、土性、牲畜、天時、人力、風俗、文物等情況，都極用心籌畫督率，以經術飭吏治，讓百姓安居樂業，離任之前主持編纂《夏津縣志》，捐俸印行。[17]辭官返鄉後，地方官紳重其文學與德行，延聘編纂《旌德縣志》、《寧國府志》、《黃山

〈序‧留耶別集二序〉，頁8a。

15 〔清〕方學成，《松華堂集‧梅川文衍》，卷1，〈序‧試貼會選序〉，頁12a-12b。諸提督學政之名，見〔清〕趙弘恩、黃之雋等撰，《江南通志》（收入《景印文淵閣四庫全書》，第510冊，臺北：臺灣商務印書館，1983），卷105，〈職官志‧文職‧提督學政〉，頁9a。

16 〔清〕方學成，《松華堂集‧梅川文衍》，卷1，〈序‧響泉齋四稿序〉，頁9b-11b。

17 〔清〕方學成、梁大鯤等纂修，《夏津縣志新編》（收入《中國方志叢書‧華北地方‧第三十四號》，據民國二十三年[1934]鉛本影印，臺北：成文出版社，1968），卷6頁42-43。

志》。其中《黃山志》僅見於文集的「自序」與《旌德縣志》、《寧國府志》的「書籍」目中，故本文僅探討前兩部縣志。茲先述其重要詩文著述的《松華堂集》。

三、《松華堂集》

乾隆二年（1737，56歲），方學成在《松華堂集・梅川文衍》自序中云：「古之立言者，必非無為而作，所謂言之有物者是也。」[18]此書自然是有所為而為，冀望作明道之文章，收經世之實效，成一家之言。他謙稱：「蓋予雖生當孤露，竊有志自立，妄欲以文章為己任。而於遇合之難，必聽時命之適然。……以俟世有知我者乎。」[19]在〈歷朝文纂序〉云：

> 學成年十有五，即深慕古人立說著書之旨，欲勉為文章以自表見。而孤寒孱弱，人方以科名之說中之，故膽識未堅，中間作輟不一，乃倏忽又十五年，而兩者皆無所就，則信乎窮達有命之言，可以瞿然自悟矣。因取平日論定古人之文，以時參考，集之得百二十卷，名曰《歷朝文纂》，而為之序。……且文足以明道，而道足以持世。學者能進而求之，不徒為無用之空言，而世並得以收儒者之實效，豈曰無小補哉？[20]

---

[18] 〔清〕方學成，《松華堂集・梅川文衍》，卷首，〈梅川文衍自序〉，頁11b。

[19] 〔清〕方學成，《松華堂集・梅川文衍》，卷2，〈序・留町別集自序〉，頁7b-8a。

[20] 〔清〕方學成，《松華堂集・梅川文衍》，卷1，〈序・歷朝文纂序

又曾於〈與歙縣學博王先生書〉云：

> 雖少嘗有志，亦竊從事於古人之文，擬窺龍門、扶風、昌
> 黎、盧陵之閫奧。……年來授業生徒，與二三學侶頗留心
> 科舉，妄冀若得一當，誓必掩關閉戶，發凡起例，著書成
> 一家言，以藏之名山，傳之其人。[21]

足見他年少即很想在古文方面有大造詣，只是一則礙於準備科舉
考試，耗費時日，再則即使成書，能否遇到知己，仍須等待時
機。他最高的官職是夏津知縣，儘管陸續有詩文集問世，頗有文
采，除非廣為宣傳，勢將鮮為人知。

《松華堂集》集方學成歷年撰述，共四十六卷，十二種，
含：《梅川文衍》（十二卷）、《栗山詩存》（十八卷）、《春風堂
試帖》（一卷）、《唱酬紀勝》（一卷）、《梅谿韻會》（一卷）、
《華南先德述》（一卷）、《青玉閣詞》（一卷）、《歲寒亭畫
句》（一卷）、《讀黃合志》（一卷）、《硯堂四六》（二卷）、
《檀園雅音》（五卷）、《學古齋偶錄》（二卷）。[22]各體兼備：詩
詞歌賦、古文、駢文、時文，以詩的篇幅為最多，內容多為歌

上〉，頁1a-2b。

[21] 〔清〕方學成，《松華堂集·梅川文衍》，卷7，〈書·與歙縣學博王先
生書〉，頁5a。

[22] 中國社會科學院圖書館整理，《續修四庫全書總目提要（稿本）》（濟
南：齊魯書社，1996），第36冊，〈集部·松華館合集十三卷（乾隆元
年刻本）〉，頁63。稱：乾隆元年（1736）之《松華館合集》刻本共十三
種，前有休寧潘偉序。《松華館合集》刻本於《松華堂集》十三種之
外，增加《履齋時文》，光緒通志作《松華堂集》。

詠山水、自然景物、風花雪月、松竹梅菊、蓮桃桂蘭、雲雨泉石
等，尤以詠梅數量最多，自稱為「梅癖」。受到鄉里有條梅谿
之影響，方學錦於卷末稱其兄「性耽山水，嘗手自荷鋤，欲種梅
十里，花時吟詠其中。余亦將運水擔泥，少滋灌溉，庶幾倡予和
汝。乃過蒙大雅，珠玉雜投，品重一時，韻留千古，真足增谿山
勝事云。」[23]得以吸引名流薈萃，競相題品，詮次成編，即《梅
谿韻會》，他撰寫〈欲向梅谿種梅花十里作梅窩主人歌〉，期待
文人雅集並吟詠於此。[24]雍正三年（1725）正月，他於檀園撰〈檀
園品梅小紀〉、[25]〈品梅歌〉一百三十句等，顯示對梅之情有獨
鍾，開頭即表達檀園梅花讓人深切思念：「檀園梅開江南春，江
南梅花思煞人」，總結云：「六十三株檀園春，年年相見酬花
神。似此風光與人境，客遊不啻來桂隱。題詩香欲繞吟魂，句中
有月留黃昏。後來誰識真消息，路口一方方筏立。」[26]其門生許
士永於品梅歌〈書後〉稱：「先是吾師來檀園，作〈品梅紀〉及
〈品梅歌〉百句，後以人之於花，大抵多愛而不能敬，後補成三
十句。……若以此六十三株皆經吾師品定，亦庶幾讀者知所愛

---

23 〔清〕方學成，《松華堂集・梅谿韻會》（收入清代詩文集彙編編纂
    委員會編，《清代詩文集彙編》，第283冊，上海：上海古籍出版社，
    2010），〈詩・和前韻〉，頁22a。
24 詩云：「……梅花一種數十里，花時遊人多應喜。……老我梅邊作主
    人，花前日伴尋春客。……晉人自作桃源記，至今靈境疑鴻濛。何似十
    里江南地，兩岸梅花一笛風。」見〔清〕方學成，《松華堂集・梅谿韻
    會》，〈詩・欲向梅谿種梅花十里作梅窩主人歌〉，頁6a-6b
25 參見〔清〕方學成，《松華堂集・檀園雅音》，卷1，〈檀園品梅小
    紀〉，頁1a-1b。
26 〔清〕方學成，《松華堂集・檀園雅音》，卷1，〈品梅歌〉，頁6a-8a。

敬，不敢有褻玩焉。」[27]學成愛梅敬梅，也期望他人皆能愛敬梅花與梅樹。

《栗山詩存》收錄學成所作五言及七言之古體詩（四卷）、律詩（六卷）、排律（二卷）、絕句（六卷），其中著名的作品有〈遊石壁次胡安定韻〉（五言古體）、〈旱潦吟八十韻上郡伯佟公〉、〈拯溺圖歌〉（七言古體）等。胡瑗（993-1059）祖籍陝西安定，後遷海陵（今江蘇泰州），為北宋著名理學家、教育家，人稱安定先生，曾到旌德旅遊，學成特重之，前首詩為歌頌旌德山水風光，兼懷李白（701-762）、胡瑗等名人在旌德旅遊之作。至於後二首詩，由篇名即可想見他關心民瘼之意。

學成喜與二三好友同遊攬勝，探幽搜奇。黃山為海內奇觀，於《讀黃合志》之序、記、圖贊等，文字涓潔，刻畫尤工，被視為遊記中之創作。[28]其他紀勝酬唱之作，頗見文人雅緻。

學成雅好詞賦，亦頗有造詣，於《青玉閣詞》自序稱：「余少嘗好之，乃意求婉約，未極香柔，致欲豪雄，空餘壯激。不過學步隨聲，無當風雅，然思上脫香奩，下亦不落元曲，差不失本色氣韻。」[29]於賦則有著名的〈石壁賦〉、〈綠雪茶賦〉、〈菊賦〉等。石壁山在旌德縣北二十里，兩崖對峙，一水中流，最稱厄塞，舊時路在半山，明嘉靖年間鑿石，遂成通途，〈石壁賦〉

---

[27] 〔清〕方學成，《松華堂集・檀園雅音》，卷1，〈許士永・書後〉。

[28] 中國社會科學院圖書館整理，《續修四庫全書總目提要（稿本）》，第37冊，〈集部・讀黃合志一卷（乾隆間刊本）〉，頁826。

[29] 〔清〕方學成，《松華堂集・青玉閣詞》（收入清代詩文集彙編編纂委員會編，《清代詩文集彙編》，第283冊，上海：上海古籍出版社，2010），〈自序〉，頁1a-1b。

即他對故鄉石壁名勝的歌詠。[30]

他於乾隆元年所撰《硯堂四六》之序，用四六駢文體，長達六頁餘，全書亦皆為駢文之作，用典優雅豐富，[31]顯示熟習此體。他對時文功力甚深，作品見諸《春風堂試貼》。古文是他所撰文章的大宗，除了詩詞歌賦、駢文、時文之外，皆在古文之列。由《玉禾山人詩集》作者，合肥進士田實發於〈栗岡集原序〉中盛稱：「松台古文辭，則追躡秦漢人，詩則馳騁於少陵、眉山之間，古賦則輘潘駕陸，一空時藻。昔執吾輩中牛耳，大江南北，奉為宗工。學使按部，必梓其作。」[32]足見他在文學上的造詣，以及在當時文壇的地位。

吾人除留意其文章風格外，更應關注其文集中流露的思想。他的思想與事功有密切關係，崇尚儒家積極進取的思想，於夏津知縣任內致力造福地方。《學古齋偶錄》匯集他知夏津時的公文書，耿賢舉為該書撰〈序〉，總結他在知縣任內的成績，曰：

> 修學宮，輯邑乘，明禮度，典鉅而重，以迄先賢先儒之增祀，前代大僚之易名。事雖有待，而論實創獲。他若課農

---

30 參見〔清〕方學成，〈石壁賦〉，收入〔清〕陳柄德等修，《旌德縣志》（收入《中國方志叢書・華中地方・第二二七號》，據清嘉慶十三年[1808]修、民國十四年[1925]重刊本影印，臺北：成文出版社，1975），卷9，〈藝文志・賦〉，頁43a-45a。

31 參見〔清〕方學成，《松華堂集・硯堂四六》（收入清代詩文集彙編編纂委員會編，《清代詩文集彙編》，第283冊，上海：上海古籍出版社，2010），卷首，〈自序〉，頁1a-6b。

32 〔清〕方學成，《松華堂集・梅川文衍》，卷首，〈栗岡集原序・田序〉，頁10b。

> 程功諸務，發為詩歌，悉不忘父母斯民之義，無法不良，
> 無體不備。[33]

以下敘述其具體作為：他曾特請於文廟先賢增祀魯人孺悲、檀弓，先儒增祀漢儒田何，以重經學。因為講求事功，也呈請追祀明代治河名臣潘季馴（1521-1595），表彰其精神，以嘉前功而著後效。倡導務實，在任知縣時，尤其注重文教方面，關注縣學諸生的進德修業，每月定期課文，興建義學，培育人才。除修建學宮大成殿及殿門、戟門新裝槅扇、崇聖祠、文昌台、魁星樓，還興修縣治大堂、城隍廟、新建普濟育嬰堂等，庀材鳩工，勸募督修，皆有碑記其事，體現他能劍及履及，積極有為。在他的努力下，文風振興，多人中舉，他於〈重建文昌台魁星樓記〉欣慰地說：「猗歟盛矣！何功垂成而響應之速有如此耶！」[34]其他功業有築堤、防險、催運、撈淺、勘荒、捕蝗等，皆為造福百姓。他一方面批判愚孝：「以孝取人，強思割股，弱思廬墓，已為昔人所譏。例概不准旌，意恐傷生，且以袪人好名之念也。」[35]但又說有孝婦之愚行，「事出愚誠，頗堪勵俗者，故附錄列女

---

33 〔清〕方學成，《松華堂集‧學古齋偶錄》，卷首，〈耿舉賢‧學古齋偶錄序〉，頁1b。

34 〔清〕方學成、梁大鯤等纂修，《夏津縣志新編》，卷10，〈藝文志‧記‧重建文昌台魁星樓記〉，頁12b。文昌台、魁星樓都在縣學巽位（東南），方學成稱：「今文昌台魁星樓俱已完整，此塔適在縣學之巽位，有關一邑文風，當修復之。」見同書，卷首，〈圖‧說〉，頁22b。

35 〔清〕方學成、梁大鯤等纂修，《夏津縣志新編》，卷8，〈人物志‧孝友〉，頁18a。

之末。」[36]雖有矛盾之嫌，正說明他倡導儒家注重孝道的教化之功。他注重道德民風的教化，亦可見於所撰〈教民歌〉與〈勸民歌〉，前者分教孝、教悌、教忠、教信、教禮、教義、教廉、教恥八首，後者為勸民早完錢糧、多積肥、習手藝、勿聽訟師、防窩盜娼、勿輕生、勿出入公門、婦女勿告狀、勿放高利貸、勿賣妻、勿嗜酒、被竊勿浮報，共十二項。[37]皆係以詩歌的形式，作政令的宣傳。茲錄其中的〈教孝歌〉以見一斑：「教民孝，第一要，父母恩深有萬般，豈止三年免懷抱。順親心，莫違拗。養子成人喜娶妻，如何即便分鍋竈。富貴有錢可悅親，貧家菽水供歡笑。若還過嗣並贅婿，更當一樣將恩報。第一要，教民孝。」[38]

學成強調為官要為民造福，即使品德略有瑕疵，不容抹煞曾為百姓謀福利之功，因此對於前明知縣李精白肯為百姓謀福利，百姓為建生祠之事，儘管有與撫臣於蓬萊閣為魏忠賢（1568-1627）建生祠的汙點，被列名逆案，但他對事能客觀評價，不隨俗拘泥，認為尚可接受，曰：「嗚呼！人苟有澤及於民，事無論大小，民之報之，皆百世不忘也。……固不必問其晚節之全與否也。」[39]

此外，他不排斥釋道，一則因曾在僧舍苦讀，並與高僧、道人交遊酬酢，共賞自然美景，詩文唱和，常為兩教大師的著作寫

---

[36] 〔清〕方學成、梁大鯤等纂修，《夏津縣志新編》，卷8，〈人物志・列女〉，頁43a。

[37] 分見〔清〕方學成，《松華堂集・學古齋偶錄》，卷下，〈歌・教民歌〉，頁145a-146a；同書，卷下，〈歌・勸民歌〉，頁147a-148a。

[38] 〔清〕方學成，《松華堂集・學古齋偶錄》，卷下，〈歌・教民歌〉，頁145a。

[39] 〔清〕方學成、梁大鯤等纂修，《夏津縣志新編》，卷10，〈藝文志・碑・豁除沙地糧銀碑書後〉，頁39b-40b。

序。再者，他認為在教化百姓方面，二教可收與儒家思想相輔相成之效，在當時官場氛圍，實屬難得，於《旌德縣志》卷八〈人物志‧仙釋〉云：

> 釋道之教，雖附於儒，以其不足以經世治民，故吾儒所不道。然愚夫愚婦每不能恪遵政教，而語以神佛，示以因果，則奔走駭汗，叩頭懺悔，不敢為非，似二氏之說，亦可以備勸懲也。[40]

說明他的學術視野相當寬廣。

四、《夏津縣志》與《旌德縣志》

夏津得名自春秋時期為齊晉會盟之要津，諸侯會盟亦稱「夏盟」。漢初置鄃縣，唐天寶元年（742）改為夏津。《夏津縣志》之纂修初見於明嘉靖庚子（嘉靖十九年，1540，五卷），康熙癸丑（康熙十二年，1673）、癸巳（康熙五十二年，1713）皆曾續修，前二版本相當簡略，而且原版已毀，癸丑刊印之版因檄令督促與惜省工費，頗為簡率，癸巳再修（六卷十三條），[41]因循陋習，大半有綱無

---

40 〔清〕李瑾修、葉長揚纂，《（乾隆）旌德縣志》（據美國哈佛大學燕京圖書館藏清乾隆十九年[1754]刊本攝製，臺北：國家圖書館藏微縮資料），卷8，〈人物志‧仙釋〉，頁67a。

41 康熙癸巳年修《夏津縣志》十三條為：地理、食貨、官師、公署、學校、選舉、名宦、人物、惠政、祀典、災異、藝文、雜志。見〔清〕方學成、梁大鯤等纂修，《夏津縣志新編》，卷首，〈凡例〉，頁7a。

目，訛缺甚多。方學成於雍正八年（1730，49歲）署夏津縣事，乾隆元年（1736，55歲）實授該縣知縣，有感於舊志簡陋，必須考補訂正，乃於乾隆五年（1740，59歲）夏，組織二十二人的修志團隊（總裁、纂修、參閱、校刻、採輯、繕稿），夏津教諭梁大鯤名為纂修，實際上從規劃體例，刪潤裁定，到翌年（1741，60歲）五月授梓開雕，捐獻刊刻工費之半，九月告竣，皆由總裁方學成親自處理，雖稱續修，而任創造之勞。

方學成在〈夏津縣志序〉（乾隆六年[1741]撰）強調方志對於資治、存史的功用，稱：「夫誌者，古今言行得失之林，而時勢之因革損益，補偏救弊，於政治為尤關者也」；[42]「茲將後之人，其遇有因革之際，行補救之權。時與勢雖有古今之殊，而政治之得失，未必不對斯編而知所據依也」。[43]他強調纂修者須力求內容真實，豐富周詳，提出「勿隱勿飾」、「毋遺毋濫」的原則。[44]於〈人物志論〉即稱：「但據實直書，而其人之是非自見者，此作史之例。而邑志於人物則有不盡然者，蓋欲善善長而惡惡短之意焉。」[45]在毋遺的原則下，對舊志缺略部分儘量補充，在毋濫的原則下，有限的篇幅中，對於選材取捨，至為用心，特別注重民生疾苦與社會狀況者。例如：選用前知縣張吾瑾（順治

---

42 〔清〕方學成、梁大鯤等纂修，《夏津縣志新編》，卷首，〈方學成・重修夏津縣誌序〉，頁3b。

43 〔清〕方學成、梁大鯤等纂修，《夏津縣志新編》，卷首，〈方學成・重修夏津縣誌序〉，頁6b。

44 〔清〕方學成、梁大鯤等纂修，《夏津縣志新編》，卷首，〈方學成・重修夏津縣誌序〉，頁4a-4b。

45 〔清〕方學成、梁大鯤等纂修，《夏津縣志新編》，卷8，〈人物志・論〉，頁1a。

十四年[1657]至康熙二年[1663]在任）的〈縴夫嘆〉、徐汝嶧（康熙二十八至三十三年[1689-1694]在任）的〈倉次雜吟〉、他自己的〈勘荒〉等。夏津以產棉著名，他在〈食貨志論〉稱：

> 惟是夏之物產，多棉花而少五穀，穀少則糴易貴而家無餘穀矣。所恃棉花利重，可易於得錢，不知小民積終歲計，節盈縮以自利，多能起家而貧者以富。大戶收花變價動逾百千錢，一入手恣其所為，不知撙節，其子弟又視以為常，更不習事，故富者又日以貧。[46]

寥寥數語說明他對棉花產量、價格與社會財富變化的關心與關聯。

這部乾隆《夏津縣志》，除卷首（包括序文、目錄、凡例、圖考）外，內容共十卷，稱為「十志」，參見附表。名曰「志」者：「蓋為政者愛民無已，將以一人之心窺見一邑之隱，而取其精神命脈所在，條分縷析，以詔後世，即使後世之心乎愛民者皆有所依據，以感發興起，而不迷於所之，故曰志也。」[47]亦兼取班固（32-92）《漢書》十志之義。他確定於志之下各分若干目，共七十五目，以時為經，以事為緯，綱舉目張，期望詳核清晰。新定志目之名，皆寓客觀務實之意，例如：將「官師志」改為「官守志」、「惠政」改為「政蹟」，「以示戒也」。這種「綱目體」成為民國二十三年（1934）修《夏津縣志續編》及他主持修

---

46 〔清〕方學成、梁大鯤等纂修，《夏津縣志新編》，卷4，〈食貨志‧論〉，頁2b-3a。
47 〔清〕方學成、梁大鯤等纂修，《夏津縣志新編》，卷10，〈藝文志‧跋‧教諭梁大鯤跋〉，頁67a。

纂的乾隆《旌德縣志》、嘉慶年間陳柄德（1750-1826）修纂《旌德縣續志》的範本，加以沿用，足見其所定體例具有可行性。嘉慶朝距離乾隆年間尚近，社會、制度變化不大，因乾隆志分門別類，斟酌詳明，嘉慶《旌德縣續志》僅須在前志上略為增損釐訂、道光六年（1826）修纂之《旌德縣續志》亦為在嘉慶《旌德縣續志》上稍加增補而成。但是從乾隆到民國經歷巨大變化，儘管《夏津縣志續編》仍沿襲前編的綱目體例，「目」的內容必然須能顯示時代劇變，說明此體例具有可以因時制宜的彈性。他參與分訂的《寧國府志》雖未用綱目體，然而各卷的卷名，仍多與《夏津縣志》的綱目雷同。諸志的綱目內容，詳見附表，即不贅述。又，他在所編纂《夏津縣志》與《旌德縣志》的前面都冠以「論」，闡述該志纂修的歷史與緣由，交代各志的重點，儘管篇幅長短有別，《夏津縣志》各卷之「論」短則三頁，長者達十四頁，[48]《旌德縣志》之「論」較短，例皆四行，有些「目」

---

[48] 《夏津縣志》十卷之「論」的頁數，依次如下：4、3、4、5、4、9、14、7、13、4（按：民國23年鉛印本的頁數較乾隆年間刻版的十論各少一、二頁。）。卷二、六、八皆有「後論」或「附論」。藝文志收錄方學成公務文書之篇名如下：〈重葺學宮大成殿及新裝槅扇記〉、〈重建文昌台魁星樓記〉、〈重修義學東西兩廂房記〉、〈重修城隍廟記〉、〈渡口驛重修石佛寺碑記〉、〈豁除沙地糧銀碑書後〉、〈重修大堂碑記〉、〈親民堂記〉、〈和寧堂記〉、〈學古齋記〉、〈新建普濟育嬰堂碑記〉、〈纂修學宮、文昌閣、城隍廟序〉、〈夏津縣勸捐社倉穀序〉、〈城隍廟祈雨文〉、〈龍神廟祈雨文〉、〈擬請增祀先賢先儒以重經學事詳〉、〈擬請申易名之典追諡河臣以嘉前功而著後效事議詳〉、〈代謝蠲免錢糧詳〉、〈沁水難引入運河議詳〉、〈王吉太活埋生女上本府稟帖〉、〈夏津縣季考告示〉、〈節孝張姚氏看語〉、〈節孝許賀氏看語〉、〈節孝冉王氏看語〉、〈節孝冉時氏看語〉、〈履齋銘〉、〈未齋銘〉、〈松台判硯銘〉、〈教民歌〉、〈勸民歌〉、〈壬子夏五月下鄉查賑口占並呈同事諸公〉、〈八月出郊看秋成喜作間宣示

之前，亦有關於各目性質、功用的敘述。各卷正文之前皆有「論」，堪稱為他所修方志的特色。一般地方官肯花人力物力來修方志已不容易，方學成對於修志事業極為熱心，除親自撰寫各卷之「論」、有些卷末尚附有「後論」、藝文志中收錄七篇公務文書，皆標其名，隨著縣志流傳後世，展現他於「立功」、「立言」的成績。《（乾隆）旌德縣志》除各志之「論」外，於學校、典禮、食貨、職官、雜記等志、山川、河道、風俗、名宦、宦業、儒林、文苑、忠節、孝義、懿行、俠行、隱逸、寓賢、仙釋、藝術等目之後，亦附有「後論」，展現編者的期望或慨歎，皆極似方學成的語氣，當可視為他的論述。[49]其藝文志入選之詩

士民〉、〈元日試筆口占〉、〈春日勸農至太學王端木園林小憩〉、〈築堤〉、〈防險〉、〈催運〉、〈撈淺〉、〈勘荒〉、〈捕蝗〉、〈雪夜秉燭治官書〉、〈大雲寺燈千佛閣〉、〈過都景岐文學墓廬〉、〈秋日馬頰河買漁人鱸魚兩尾酌酒口占二絕句即書田綸霞中丞詩後〉，文體、長短不一，共計44篇，在自己主編的方志中收錄如此多篇的有關公務文書，亦屬一大特色。《學古齋偶錄》尚收錄下列諸篇：〈建造河東總督衙門議詳〉、〈查核勤惰以分賢否議詳〉、〈御纂經書購送儒學課士牒文〉、〈水災上各憲稟帖〉、〈辦賑加紀錄謝各憲稟帖〉、〈詳請蔣大中丞（柱國）崇祀名宦看語〉、〈策問（季考題）〉、〈刻門毆條例事〉、〈編飭保甲條約使民易知遵守事〉、〈為嚴喪葬侈靡之禁以節民用而正風俗事〉、〈為嚴禁僧道應職聘以肅清規以安常住事〉、〈副憲聖泉陳公惠鼉磯石硯賦謝用東坡海市韻〉、〈贈廬陵歐陽生〉（詩），共十三篇。

49 例如：〈河道・後論〉曰：「蓋山國澤國水土，原有一定之情形，非人力所能強致也。」〈風俗・後論〉曰：「關於風俗，可以知政治之得失矣。……崇禮讓，農賈無游惰，風淳俗美，誰謂山陬僻壤非雍雍禮樂，東南之名區也哉?」〈學校志・後論〉云：「砥礪廉隅，博通今古，崇尚實學，出則為當代名臣，處亦不失為有學有品之士。旌雖山邑褊小，而人文蔚起，為邦家光，詎非庠序之教，興賢育才，有以致之哉?」〈典禮志・後論〉云：「旌邑地瘠民貧，縣尹果愛民如子，以人格天，則至治馨香，感於神明，又非徒黍稷維馨之謂也。」〈食貨志・後論〉云：

的作者以歷任知縣為多，主要內容為表彰諸人的政蹟。〈藝文志·書目〉收錄方學成著作《松華堂合集》十三種、《松台詩話》七十五卷、《黃山志》三種，賦與文則收〈石壁賦〉、〈梓山尋奇石僊桃舊蹟序〉。[50]

　　旌德縣始建於唐代宗寶應二年（763），太平縣鄉民抗捐抗糧，朝廷詔江淮招討使袁傪平定後，析太平東北置旌德縣，寓意「彰揚禮德，教化縣民」。《旌德縣志》最初的編纂年代早於《夏津縣志》，歷經多次編纂。陳柄德序稱始自宋紹熙（1190-1194）時之《旌德縣志》（八卷），湮沒於元、明兵燹之際；元大德二年（1298）知縣王禎（1271-1333）主持修纂的《旌德縣志》是我國印刷史上有記錄的第一部用木活字印刷的書籍，與明成化年間修纂之志皆佚，萬曆戊戌（萬曆二十六年，1598）修輯者事簡詞略，順治丙申（順治十三年，1656）重修者冗漫非體，始有乾隆十七年（1752）旌德知縣李瑾倡修之縣志，敦聘七十一歲的方學成負責修纂，乾隆十九年完成。[51]嘉慶《旌德縣志》亦選錄方學成的〈梓

「凡所以上關國計，而下繫民生者，安得不日夕躊躇，思所以為補救之術哉?」〈職官志·後論〉云：「司牧之責亦綦重矣。…庶使後之蒞此土者觀感興起，悉為循吏以子會困窮，旌民之福也。」以上分見〔清〕李瑾修、葉長揚纂，《（乾隆）旌德縣志》，卷1，〈疆域志·河道〉，頁19a；同書，卷1，〈疆域志·風俗〉，頁27b-28a；；同書，卷3，〈學校志〉，頁46a；同書，卷4，〈典禮志〉，頁28a；卷5，〈食貨志〉，頁43a；同書，卷6，〈職官志〉，頁69a。

50　分見〔清〕李瑾修、葉長揚纂，《（乾隆）旌德縣志》，卷9，〈藝文志·書目〉，頁4a；同書，卷9，〈藝文志·賦〉，頁98b-100b；同書，卷9，〈藝文志·序〉，頁87a-88a。

51　見〔清〕陳柄德等修，《旌德縣志》，卷1，〈原序·李瑾序〉，頁5a-5b。

山尋奇石僊桃舊蹟序〉（敘述士大夫在旌德勝跡賞奇石僊桃而建亭為宴會之所）、〈石壁賦〉（謳歌石壁山奇險，地靈人傑，文學振興），以及〈游石壁次胡安定韻〉（謳歌旌德山水風光，兼懷李白、胡瑗等名遊覽旌川的五言古體詩）、〈尋楊三娘廟不得〉（見舊碑徒感惆悵，七言律詩）等詩，[52]則已偏重其文學作品，不同於《夏津縣志》藝文志大量選用他注重經世實務的公文書類。

五、結語

　　《續修四庫全書總目提要（稿本）》評述方學成的部分著述，有《夏津縣志》十卷（乾隆六年刻本）、《松華館合集》十三卷（乾隆元年刻本）、《讀黃合志》一卷（乾隆間刊本）、《華南先德述》一卷（乾隆間刊本）、《宛陵方氏著述八種》二十六卷（乾隆間刊本）等，[53]《旌德縣志》與《寧國府志》因他僅是參與，而非主持，故未論列。《提要》撰者稱贊方學成主持纂修的《夏津縣志》蒐羅宏富，精當簡明，關心社會民生，足資參考；文章方面，肯定他的撰述宏富，尤長於詩古文，而稱其唱

52　以上各篇，分見〔清〕陳柄德等修，《旌德縣志》，卷9，〈藝文志‧序〉，頁9a-9b；《旌德縣志》，卷9，〈藝文志‧賦〉，頁43a-45a；《旌德縣志‧補遺》，卷9，〈藝文志‧詩〉，頁37a-37b；《旌德縣志》，卷9，〈藝文志‧詩〉，頁37a。
53　內含八種，共二十六卷，包括：《讀黃合志》（一卷）、《華南先德述》（一卷）、《青玉閣詞》（一卷）、《梅谿韻會》（一卷）、《春風堂試帖》（一卷）、《唱酬紀勝》（一卷）、《栗山詩存》（十八卷）、《硯堂四六》（二卷）。

酬詩則較乏特色。所論甚有見地,頗為公允。

今日旌德以產靈芝著稱,為通往名勝黃山的高速鐵路前一站,交通便捷,物產富饒,已非傳統時期山七田三的貧瘠山縣,或僻邑疲邑,然而那時男耕女織,士沐琴書,商勤服賈,科第、宦績、文學、武功、卓行、儒林,仍有可觀人才,方學成即其中之一。他雖然沒有顯赫的功名與官職,靠薦舉在雍正乾隆之際出任夏津知縣十二年,戮力從公,慷慨捐俸,造福民生,推展儒家道德實踐,教導百姓生活規範,輔以釋道的諄諄教誨,體現他學以致用的經世精神。終其一生,勤於治學與撰述,留下豐富的著作《松華堂集》四十六卷,擅長各種文體,他主持修纂、訂立修志準則的《夏津縣志》,成為後來民國《夏津縣志續編》、乾隆《旌德縣志》等的範本,內容豐富詳實,在魯、皖兩省所修地方志中,皆有其地位,號稱「皖籍修志名家」。他的道德、事功與文章,具有可觀,值得當代及後世稱頌表揚,為乾隆《夏津縣志》列於〈官守志‧政蹟〉、[54]嘉慶《旌德縣志》列於〈人物志‧文苑〉中,[55]自屬名至實歸。

---

[54] 參見〔清〕方學成、梁大鯤等纂修,《夏津縣志新編》,卷6,〈官守志‧政蹟〉,頁34b-36a。

[55] 參見〔清〕陳柄德等修,《旌德縣志》,卷8,〈人物志‧文苑〉,頁20a。

附錄　《夏津縣志》與《旌德縣志》之綱目比較表

書名	《夏津縣志》乾隆6年方學成修	《夏津縣志續編》民國23年謝錫文修	《旌德縣志》乾隆19年李瑾修	《旌德縣志》嘉慶13年陳柄德修
內容	10綱75目	10綱101目	10綱89目	10綱94目
卷首	序文、目錄、凡例（14條）、圖考	序文、姓氏、目錄、凡例（21條）、圖考、大事記	序、職名、凡例（22條）、目錄、圖引（按：列於卷一前）	序文、目錄、凡例（18條）、纂修銜名（按：列於卷一前）
卷一疆域志	星野、沿革、延袤、形勝、河道、古蹟、風俗、巡幸	星野、沿革、延袤、形勝、河道、古蹟、巡幸、溝渠、清水窪、區域、土壤、氣候	地圖、星野、沿革、廣袤、形勝、山川、河道、古蹟、風俗	圖考、沿革、星野、廣袤、形勝、山川、河道、古蹟、風俗
卷二建置志	城池、公署、街市（鎮集附）、鄉里、倉局（養老院、普濟堂附）、鋪舍、武備（馬場、軍屯附）、坊表、橋梁、塚墓（漏澤園附）	城池、公署、街市、鄉里、倉局、武備、坊表、橋梁、局所沿革、歷代兵事、清代兵制、清代兵事、民國兵制、民國兵事	城池、衙署、倉廒、鋪舍、坊都、橋梁、武備（附驛傳）、坊表	城池、官治、公宇、倉廒、郵鋪、營衛、街衢、坊都、坊表、橋梁、路道
卷三學校志	學規、學宮、歷代隆儀、國朝聖典、殿廡位次、釋奠禮樂、書籍、學田、義學、社學	學規、學宮、歷代隆儀、清代盛典、民國禮制、殿廡位次、釋典禮樂、范氏箴、敬一箴、書籍、學田、書院、學額、義學、社學、學校沿革、學堂變更	學規、學宮、歷代隆儀、國朝盛典、殿廡位次、釋奠禮樂、群祀、學廟、學制員額、學田、社學、義學、書院、書籍	學規、學宮、歷代隆儀、國朝盛典、殿廡位次、釋奠禮樂、群祀、學額、書籍、學田、書院

書名	《夏津縣志》乾隆6年方學成修	《夏津縣志續編》民國23年謝錫文修	《旌德縣志》乾隆19年李瑾修	《旌德縣志》嘉慶13年陳柄德修
內容	10綱75目	10綱101目	10綱89目	10綱94目
卷四食貨志	戶役、田賦、起存、稅課、驛遞、鹽法、物產、恩卹	戶役、田賦、起存、稅課、鹽法、恩卹、驛遞、民國田賦、稅捐、近年整理田賦各法令、免除苛捐雜稅各令表、物產、物價、工價比較表	戶口、田土、壩陂、土產、貢賦、歲費、倉糧、恩恤、鹽法（按：該書卷五為食貨志）	蠲賑、戶口、徭役、田土、貢賦、鹽法、積貯、物產（按：該書卷五為食貨志）
卷五典禮志	秩祀（寺觀附）、公儀、講約、迎春、耕耤、鄉飲、鄉射、賓興	秩祀、公儀、講約、迎春、耕耤、鄉飲、鄉射、賓興、清代典禮、民國典禮、禮俗、宗教、賽會、譜錄、歌謠、村諺、方言	秩祀、公儀、迎春、耕耤、講約、鄉飲酒、鄉射、賓興（按：該書卷四為典禮志）	秩祀、公儀、迎春、耕耤、講約、鄉飲酒、鄉射、賓興、廟宇（仙釋附）（按：該書卷四為典禮志）
卷六官守志	封爵、職官、名宦、政蹟	清代職官表、民國職官表、縣黨部黨委表、行政職員表、縣法院職員表、各機關現任職員表，政蹟、附自治（按：該書卷六稱職官志）	兵憲、學憲、縣令、縣丞、主簿、尉典史、教諭、訓導、巡檢、城守營、政蹟（按：該書卷六稱職官志）	職官表、政蹟（按：該書卷六稱職官志）

書名	《夏津縣志》乾隆6年方學成修	《夏津縣志續編》民國23年謝錫文修	《旌德縣志》乾隆19年李瑾修	《旌德縣志》嘉慶13年陳柄德修
內容	10綱75目	10綱101目	10綱89目	10綱94目
卷七選舉志	徵辟、進士、舉人、明經、恩選（例貢、例監附）、武科、掾吏、封贈（義官、壽官、農官附）	清代選舉表、民國選舉表（議員、考授、實任）	辟舉、進士、鄉薦、成均、仕宦、武職、貤封、掾辟、壽官（義官、農官）	辟舉、進士、鄉薦、明經、仕宦、掾辟、武職、封贈、壽官、義官、農官
卷八人物志	鄉賢、忠義、孝友、隱行、列女	鄉賢、忠義、孝友、義行、列女、儒林、文苑、藝術	名臣、宦業、儒林、文苑、武烈、忠節、孝義、卓行、懿行、善行（附俠行）、鄉耆、隱逸、寓賢、仙釋、藝術、列女	名臣、宦業、儒林、文苑、武烈、忠節、孝義、卓行、懿行、善行、俠行、鄉耆、五世同堂、隱逸、寓賢、藝術、列女
卷九雜志	災祥、紀遺	災祥、紀軼、塚墓、寺觀、附（捕蝗錄、種棉方法、衛生要言）（按：該書卷十為雜志）	祥異、拾遺、附錄（按：該書卷十為雜記志）	紀事、祥異、補遺、附錄（按：該書卷十為雜記）
卷十藝文志	記、序、傳、文、詳、牒、稟帖、告示、看語、銘、詩、詞	內編（記、贊、序、詳、告示、說、跋、箴、詩、題詞、楹聯）外編（敘、傳、詩、雜俎、書目）（按：該書卷九為藝文志）	奏疏、記、序、跋、論、說、傳、賦、行狀、墓碑、詩、歌（按：該書卷九為藝文志）	書目、奏疏、記、序、跋、論、說、傳、賦、行狀、墓碑、詩、賦（按：該書卷九為藝文志）

附註

1、道光六年（1826），王椿林修、胡承拱纂的《旌德縣續志》，
為補嘉慶十三年（1808）以來二十五年間事件之續編，體例沿
襲前志，須增補者始列出，無則省略。各卷志目如下：卷一
疆域（山川、古蹟）、卷二建置（坊表、橋梁、廟宇、道
路、塚墓、義塚）、卷三學校（國朝盛典、群祀）、卷四食
貨（蠲賑、戶口、田土、雜課、積貯）、卷五職官（職官
表、政蹟）、卷六選舉（進士、舉人、貢生、仕宦、職銜、
封贈、壽官）、卷七人物（名宦、宦業、儒林、文苑、孝
義、懿行、五世同堂、方技）、卷八人物（列女）、卷九藝
文（書目、記）、卷十雜記（祥異、附錄、續增）。省略典
禮志，人物志分兩卷，故仍為十卷；目則減至三十八，實為
方學成所定方志體例之延續。

2、方學成參與分訂的《寧國府志》，知府宋斅等修，乾隆十八
年（1753）刊，共三十四卷，未分目，各卷名稱如下：圖考、
沿革表、興也、疆域、山川、城池、官署、學校、祠祀、
武備、古蹟、風俗、戶口、田賦、蠲賑、職官、名宦、選
舉、封蔭、名臣、宦業、儒林、忠節、孝義、文苑、武烈、
懿行、隱逸、寓士、方伎、方外、列女、藝文、雜記。與
乾隆《夏津縣志》所用之志名相同者六、目名相同者十、類
似者九、新增者九。至於嘉慶二十年（1815）由洪亮吉（1746-
1809）、凌廷堪（1757-1809）等知名學者編纂的《寧國府志》，

有很高的歷史價值與學術價值，該書體例採用「四表八志」：沿革表、疆域表、職官表、選舉表、輿地志、營建志、食貨志、學校志、武備志、藝文志、人物志、雜記，與方學成的「十志」相同者七，類似者二，可謂英雄所見相同。該書〈藝文‧書目〉，收錄方學成的《松華堂集》、《松台詩話》、《黃山志》三種。見〔清〕魯銓等修，洪亮吉等纂，《寧國府志》（收入《中國方志叢書‧華中地方‧第八七號》，據清嘉慶二十年[1815]補修、民國八年[1919]重印本影印，臺北：成文出版社，1970），卷20，〈藝文志‧書目〉，頁19b。

徵引書目

〔清〕方學成，《松華堂集・梅川文衍》，收入清代詩文集彙編編纂委員會
　　編，《清代詩文集彙編》，第283冊，上海：上海古籍出版社，2010年。
〔清〕方學成，《松華堂集・栗山詩存》，收入清代詩文集彙編編纂委員會
　　編，《清代詩文集彙編》，第283冊，上海：上海古籍出版社，2010年。
〔清〕方學成，《松華堂集・梅谿韻會》，收入清代詩文集彙編編纂委員會
　　編，《清代詩文集彙編》，第283冊，上海：上海古籍出版社，2010年。
〔清〕方學成，《松華堂集・華南先德述》，收入清代詩文集彙編編纂委員會
　　編，《清代詩文集彙編》，第283冊，上海：上海古籍出版社，2010年。
〔清〕方學成，《松華堂集・青玉閣詞》，收入清代詩文集彙編編纂委員會
　　編，《清代詩文集彙編》，第283冊，上海：上海古籍出版社，2010年。
〔清〕方學成，《松華堂集・歲寒亭畫句》，收入清代詩文集彙編編纂委
　　員會編，《清代詩文集彙編》，第283冊，上海：上海古籍出版社，
　　2010年。
〔清〕方學成，《松華堂集・硯堂四六》，收入清代詩文集彙編編纂委員會
　　編，《清代詩文集彙編》，第283冊，上海：上海古籍出版社，2010年。
〔清〕方學成，《松華堂集・檀園雅音》，收入清代詩文集彙編編纂委員會
　　編，《清代詩文集彙編》，第283冊，上海：上海古籍出版社，2010年。
〔清〕方學成，《松華堂集・學古齋偶錄》，收入清代詩文集彙編編纂委員會
　　編，《清代詩文集彙編》，第283冊，上海：上海古籍出版社，2010年。
〔清〕方學成、梁大鯤等纂修，《夏津縣志新編》，收入《中國方志叢
　　書・華北地方・第三十四號》，據民國二十三年（1934）鉛本影印，臺
　　北：成文出版社，1968年。
〔清〕李瑾修、葉長揚纂，《（乾隆）旌德縣志》，據美國哈佛大學燕京圖
　　書館藏清乾隆十九年（1754）刊本攝製，臺北：國家圖書館藏微縮資料。
〔清〕趙弘恩、黃之雋等撰，《江南通志》，收入《景印文淵閣四庫全
　　書》，第507-512冊，臺北：臺灣商務印書館，1983年。
〔清〕陳柄德等修，《旌德縣志》，收入《中國方志叢書・華中地方・第
　　二二七號》，據清嘉慶十三年（1808）修、民國十四年（1925）重刊本影
　　印，臺北：成文出版社，1975年。

〔清〕魯銓等修，洪亮吉等纂，《寧國府志》，收入《中國方志叢書・華中地方・第八七號》，據清嘉慶二十年（1815）補修、民國八年（1919）重印本影印，臺北：成文出版社，1970年。

中國社會科學院圖書館整理，《續修四庫全書總目提要（稿本）》，濟南：齊魯書社，1996年。

清初諸帝統治「中國」的危機意識

葉高樹[*]

一、前言

　　滿洲以外來的、少數的征服者入主中國,進行長達二百六十八年的統治,被視為是中國歷史上最成功的「征服王朝」。[1]清朝統治中國成功的原因,是清史研究的經典問題之一,至於「成功的原因」,仁智互見,學者可以提出各種不同的歷史解釋。傳統的研究,大多從中國民族主義出發,主張滿洲統治者繼承明朝的統治型態,同時對漢文化接受程度甚高,故能在中國立足長久。近年掀起熱烈討論的「新清史」則另闢蹊徑,從滿洲中心的視角,認為清朝的內陸亞洲特質和抗拒漢文化的意識,才是其維繫政權的關鍵。[2]上述兩種學術見解,呈現出「連續」和「斷裂」、「漢地」和「邊陲」的對立論述。值得注意的是,自二○○五年以降,中國清史學界力倡應回歸「漢文化中心」和

---

[*]　國立臺灣師範大學歷史學系教授。

[1]　Ping-ti Ho, "The Significance of the Ch'ing Period in Chinese History," *The Journal of Asian Studies*, 26:2 (February 1967), pp. 191-193.

[2]　參見歐立德(Mark C. Elliott),〈滿文檔案與新清史〉,《故宮學術季刊》,24:2(臺北,2006.12),頁2-15。

「大一統」的基調，並從清朝的「國家認同」論證統治成功的因素。³然而，研究者在關注「漢文化中心」和「滿洲中心」、「漢化」和「反漢化」爭論的同時，似可進一步思考如何在二元對立架構的基礎上繼續深化，甚或發展出其他面向的討論。

　　清朝政權是由滿洲民族共同體漸次擴大為多民族帝國，統治者面對帝國轄下不同的族群採取不同的政策。乾隆皇帝（hong li，弘曆，1711-1799，1736-1795在位）在御製〈喇嘛說〉中宣稱：「興黃教即所以安眾蒙古，所繫非小，故不可不保護之，而非若元朝 曲庇諂敬番僧也」，此即「新、舊蒙古畏威懷德」的關鍵，所以本朝才得享北疆數十年的太平，並援引《禮記·王制》之說，認為正是「修其教不易其俗，齊其政不易其宜」的具體展現。⁴其實，他是將康熙皇帝（hiowan yei，玄燁，1654-1722，1662-1722在位）「因俗宜民」的宗教政策，⁵轉化為「因俗而治」的統治原

³ 相關論著甚多，參見郭成康，〈清朝皇帝的中國觀〉，《清史研究》，2005:4（北京，2005.12），頁1-18；楊念群，〈重估「大一統」歷史觀與清代政治史研究的突破〉，《清史研究》，2010:2（北京，2010.5），頁11-13；常建華，〈國家認同：清史研究的新視角〉，《清史研究》，2010:4（北京，2010.12），頁1-17；黃愛平，〈清代的帝王廟祭與國家政治文化認同〉，《清史研究》，2011:1（北京，2011.2），頁13-20；黃興濤，〈清代滿人的「中國認同」〉，《清史研究》，2011:1（北京，2011.2），頁1-12。有關「國家認同」的研究介紹，另可參見劉鳳雲，〈政治史研究的新視野：「清代政治與國家認同」國際學術會議研討綜述〉，《清史研究》，2011:2（北京，2011.5），頁145-156。
⁴ 〔清〕清高宗御製，沈初等奉敕編，《御製文集·三集》（收入《景印文淵閣四庫全書》，第1301冊，臺北：臺灣商務印書館，1983），卷4，〈說·喇嘛說〉，頁9b-12a。
⁵ 〔清〕清聖祖御製，張玉書等奉敕編，《聖祖仁皇帝御製文集·第三集》（收入《景印文淵閣四庫全書》，第1299冊，臺北：臺灣商務印書館，1983），卷23，〈碑文·廣仁寺碑文〉，頁8b。

則，[6]即在各族群承認並接受帝國統治的前提下，允許他們保有各自的傳統。雖然清初諸帝在面對漢民族也採取同一方式，而以順治皇帝（*fulin*，福臨，1638-1661，1644-1661在位）標舉的「崇儒重道」為大政方針，[7]卻不難發現統治者在言談中不時透露出危機感，[8]並藉以展現護衛政權的決心，或可做為探究其統治中國獲致成功的原因。

「中國」一詞，滿文轉寫羅馬拼音作「*dulimbai gurun*」，[9]字面上的意思是「中央之國」。《滿文原檔》天聰三年（1629）閏四月初二日，記明朝兵部尚書、薊遼督師袁崇煥（1584-1630）遣使致書金國汗皇太極（*hong taiji*，1529-1643，1627-1643在位），內有「*dulimbai gurun i kooli šajin tutu.*（中國的例法如此）*han ume ferguwere.*（汗勿驚訝）」之語；[10]天聰六年（1632）六月十三日，記皇太極致書明朝張家口等邊境官員，曰：「*liyoodung ni hafasa*（遼東的官員們）*dulimbai gurun i doroi tondoi beiderakū.*（不以中國

6　清史稿校註編纂小組，《清史稿校註》（臺北：國史館，1986），卷121，〈職官志・序〉，頁2354。

7　〔清〕鄂爾泰等修，《清實錄・世祖章皇帝實錄》（北京：中華書局，1985），卷74，頁9a，順治十年四月甲寅條。

8　所謂「危機」，通常指決策者的核心價值受到嚴重的威脅或挑戰、相關信息不充分，以及事態發展具有高度不確定性和需要迅速決策等不利情境的匯聚；危機會使人尋求更多的時間，收集更多可靠的信息，保護現有資源，以及用新的思想和行動來應付所發生的問題。參見朱岑樓主編，彭懷真等譯，《社會學辭典》（臺北：五南圖書出版公司，1991），頁203-204，「危機」條、「危機調適」條。

9　〔清〕祥亨主編，志寬、培寬編，《清文總彙》（據清光緒二十三年[1897]荊州駐防繙譯總學藏板，臺北：中國邊疆歷史語文學會），卷8，頁24b，「*dulimbai gurun*」條。

10　馮明珠主編，《滿文原檔》（臺北：沉香亭出版社，2005），第8冊，頁7，〈成字檔〉，天聰三年閏四月初二日。

的規矩公正審理）」，[11]「中國」都是指「明朝政權」。順治元
年（1644）十月，皇帝親詣南郊告記天地，祝文曰：「因茲定鼎
燕京（te yan ging be du hecen obufi.），以綏中國（dulimbai gurun be
toktobumbi.）」，[12]此處的「中國」當為「明朝故地」。因此，對
清初統治者而言，「中國（dulimbai gurun）」具有政治的、地理
的雙重意義。

滿文「gurun」，可以繙作國家、部落、百姓、人。[13]《han
i araha manju gisun i buleku bithe（御製清文鑑）》（康熙四十七年，
1708）將「gurun（國）」定義為：「abkai fejergi duin mederi dorgi
be.（將天下四海之內）dulimbai gurun sembi.（稱中國）geli mederi
tulergi jasei tulergi.（又將海外、境外）alban jafame hengkilenjirengge
be.（來進貢叩頭者）tulergi gurun sembi.（稱外國）šu ging ni yuwei
ming fiyelen de.（在《書經》的〈說命〉篇）genggiyen wang abkai
doro be gingguleme dahame.（明王遵奉天道）gurun ilibufi.（立了國之
後）hecen banjibuha（造了城）sehebi.（已說了）」；[14]《御製增訂

---

[11] 馮明珠主編，《滿文原檔》，第8冊，頁186，〈地字檔〉，天聰六年六
月十三日。

[12] 分見〔清〕鄂爾泰等修，《清實錄・世祖章皇帝實錄》，卷9，頁2b，
順治元年十月乙卯；〔清〕鄂爾泰等修，《daicing gurun i šidzu eldembuhe
hūwangdi i yargiyan kooli（大清世祖章皇帝實錄）》（臺北：國立故宮博物
院藏，文獻編號：113000025），卷9，頁5a。

[13] 參見長山，〈論滿語gurun〉，《滿族研究》，2011:2（瀋陽，2011.4），
頁122-124。

[14] 〔清〕馬齊等編，《han i araha manju gisun i buleku bithe（御製清文鑑）》
（收入阿爾泰語研究所編纂，《阿爾泰語資料集》，第3輯，大邱：曉
星女子大學出版部，1978），卷13，〈tere tomoro šošohon.（居處部）hoton
hecen i hacin.（城廓類）gurun〉，頁13a；《尚書・商書・說命中》原文
作：「明王奉若天道，建邦設都」。

清文鑑》（乾隆三十六年，1771）僅保留「*abkai fejergi duin mederi dorgi be.*（將天下四海之內）*dulimbai gurun sembi.*（稱中國）」之意，[15] 可知在清朝皇帝統治範圍之內，都可稱為「中國」。然而，據清朝官方的記載，準噶爾汗噶爾丹（*g'aldan*, 1644-1697）稱康熙皇帝為「中華皇帝」，滿文轉寫作「*dulimbai gurun i han*」，[16]曾說：「我並無自外於中華皇帝、達賴喇嘛禮法之意」；[17]「聖上君南方，我長北方，我與中華，一道同軌」，[18]則又說明在「他者」的眼中，皇帝的「中國」有其限度，所言也為康熙皇帝接受。

清初諸帝指稱的「中國」，依論說的場合、情境，或可分為狹義和廣義兩種。一、狹義的「中國」，雍正七年（1729），雍正皇帝（*in jen*，胤禛，1678-1735，1723-1735在位）處理曾靜（1679-1736）文字獄案時，嘗云：「本朝以滿洲之君，入為中國之主，……不知本朝之為滿洲，猶中國之有籍貫」，[19]指的是以漢族居住地為範圍的「漢地」，亦即漢、唐以來漢族政權統治下所謂的「傳統疆

---

15 〔清〕傅恆等奉敕撰，《御製增訂清文鑑》（收入《景印文淵閣四庫全書》，第232冊，臺北：臺灣商務印書館，1983），卷19，〈居處部・城郭類・國〉，頁40a。

16 分見〔清〕馬齊等修，《清實錄・聖祖仁皇帝實錄（二）》（北京：中華書局，1985），卷147，頁13a，康熙二十九年七月壬寅條；〔清〕馬齊等修，《*daicing gurun i šengdzu gosin hūwangdi i yargiyan kooli*（大清聖祖仁皇帝實錄）》（臺北：國立故宮博物院藏，文獻編號：113000101），卷147，頁22b。

17 〔清〕馬齊等修，《清實錄・聖祖仁皇帝實錄（二）》，卷137，頁25a，康熙二十七年十一月甲申條。

18 〔清〕溫達等奉敕撰，《聖祖仁皇帝親征朔漠方略》（收入《景印文淵閣四庫全書》，第354冊，臺北：臺灣商務印書館，1983），卷7，頁29a，康熙二十九年七月。

19 中國第一歷史檔案館編，《雍正朝起居注冊》（北京：中華書局，1993），頁3129，雍正七年九月十二日癸未。

域」。二、廣義的「中國」，乾隆三十二年（1767），清軍第三次
攻打緬甸，乾隆皇帝指出永昌府檄緬甸文稿稱「歸漢」一語的錯
謬，曰：「夫對遠人頌述朝廷，或稱天朝，或稱中國，乃一定之
理。況我國家中外一統，即蠻荒亦無不知大清聲教，何忽撰此歸
漢不經之語？」[20]是清朝統治勢力所及的多民族帝國，則又包括
蒙古、新疆、青海、西藏等「藩部」。本文的目的，在探討清初
諸帝基於少數的、外來的統治者的自覺，為求有效統治漢人和漢
地所形成的危機意識，故以狹義的「中國」為限，並將討論的範
圍集中在對旗人習染漢俗的防範、對政治控制手段的設想，以及
對文治武功價值的衡量等方面。

二、對旗人習染漢俗的防範

滿洲政權開創者努爾哈齊（*nurgaci*，1559-1626，1616-1626在位）在文
化上認同蒙古，嘗言：「明國、朝鮮二國，語言雖異，然其衣
飾風俗同也。我蒙古、諸申（*jušen*，女真）二國，語言各異，衣
飾風俗同也」。[21]天命六年（1621），當滿洲政權進入遼瀋地區之
後，首度面對少數統治多數的難題，努爾哈齊乃推行各守舊業、
計丁授田、合食同住等「恩養」政策；又採取強迫薙髮、清查

---

[20] 〔清〕慶桂等奉敕修，《清實錄・高宗純皇帝實錄（十）》（北京：中
　　華書局，1985），卷784，頁15b，乾隆三十二年五月庚午條。

[21] 中國第一歷史檔案館、中國社會科學院歷史研究所譯註，《滿文老檔》
　　（北京：中華書局，1990），頁98-99，〈遺書蒙古五部喀爾喀共同征
　　明〉，天命四年六月。

糧食、徵發差役等強硬措施，[22]且自認促成諸申、蒙古、尼堪（nikan，漢人）「同居一城，猶如一家」，[23]卻引發一連串族群衝突和漢民叛變事件，最終在天命十年（1625）以大規模屠殺漢人收場。[24]迄天命十一年（1626）七月，努爾哈齊去世前不久，才告誡諸貝勒（beile，王）、大臣，曰：「今滿、漢既為一家，若以漢人為新附，恣行劫掠，是殘害我降附之國人也。」[25]然這則汗諭不見於《滿文原檔》和《太祖武皇帝實錄》，而皇太極在即位後為撫平轄下漢人的疑懼，又特別宣布：「滿、漢之人，均屬一體，凡審擬罪犯，差徭公務，毋致異同」的政策，[26]或許是日後修史時為確立施政的理論基礎，並展現政策的一貫性，故而有所增飾。皇太極進一步闡述努爾哈齊所克皆捷卻不揮師入關的原因，曰：「昔日遼、金、元不居其國，入處漢地，易世以後，皆

---

22 參見周遠廉，《清朝興起史》（長春：吉林文史出版社，1986年），頁334-353；閻崇年，《努爾哈赤傳》（北京：北京出版社，1983年），頁249-254。

23 中國第一歷史檔案館、中國社會科學院歷史研究所譯註，《滿文老檔》，頁630，〈天命汗訓諭諸貝勒以孝悌之道〉，天命十年四月二十三日。

24 關於下令屠殺漢人的汗諭，參見中國第一歷史檔案館、中國社會科學院歷史研究所譯註，《滿文老檔》，頁645-646，〈天命汗屠殺漢人之佈告〉，天命十年十月初四日。諸貝勒在執行命令之前，曰：「眾漢官，著爾等各帶近親前來，遠親勿帶，以免其妄領財貨，使爾等臉面無光。」言畢，「八旗大臣分路前往，下於各屯堡殺之。殺完後甄別之，當養者，以男丁十三人、牛七口編為一莊。總兵官以下，備禦以上，一備禦賞給一莊」。見同書，頁646，〈八旗大臣分路前往各屯堡屠殺漢人〉天命十年十月初四日。

25 〔清〕鄂爾泰等修，《清實錄‧太祖高皇帝實錄》（北京：中華書局，1986），卷10，頁20b，天命十一年七月乙亥條。

26 〔清〕鄂爾泰等修，《清實錄‧太宗文皇帝實錄》（北京：中華書局，1985），卷1，頁7a，天命十一年九月丙子條。

成漢俗」，並將山海關視為「滿、漢各自為國」的政治上和文化上的界線，[27]他已「預見」強勢的漢文化將對滿洲造成衝擊。

為謀因應，皇太極在汗諭中一再援引歷史，論證拋棄本民族特質的政權，終將導致衰弱，甚至淪亡。例如：「未有棄其國語，反習他國之語者，棄其國語習他國之語而興盛者，亦未之有矣。蒙古諸貝勒自棄蒙古之語，名號俱用喇嘛語，故致國運衰微」；[28]「金熙宗（完顏亶，1119-1150，1135-1150在位）及金主亮（海陵王完顏亮，1122-1161，1151-1161在位）廢其祖宗時衣冠儀度，循漢人之俗，遂服漢人衣冠，盡忘本國言語」，[29]「至於哀宗（完顏守緒，1198-1234，1225-1234在位），社稷傾危，國遂滅亡」，「恐日後子孫忘舊制，廢騎射，以效漢俗，故常切此慮耳」，[30]否則將如金、元兩代，「盡忘本國言語」。究其原因，皇太極既「欲以歷代帝王得失為鑑」，[31]更從《遼》、《金》、《宋》、《元》四史中，尋找「勤於求治而國祚昌隆」者為師，「所行悖道而統緒廢墮」者為戒，[32]他以戒慎恐懼、防患未然的心態治國，時時保持

---

27 〔清〕鄂爾泰等修，《清實錄·太宗文皇帝實錄》，卷3，頁4a，天聰元年四月甲辰條。

28 中國第一歷史檔案館編，《清初內國史院滿文檔案譯編·天聰朝、崇德朝》（北京：光明日報出版社，1989），頁74，天聰八年四月初九日。

29 〔清〕鄂爾泰等修，《清實錄·太宗文皇帝實錄》，卷34，頁26b，崇德二年四月丁酉條。

30 〔清〕鄂爾泰等修，《清實錄·太宗文皇帝實錄》，卷32，頁8b-9a，崇德元年十一月癸丑條。

31 〔清〕鄂爾泰等修，《清實錄·太宗文皇帝實錄》，卷5，頁8b，天聰三年四月丙戌條。

32 〔清〕鄂爾泰等修，《清實錄·太宗文皇帝實錄》，卷23，頁9b，天聰九年五月己巳條。

統治的危機意識，故能奠定征服「中國」的基礎，並構成以滿洲舊制為尚、以「效漢俗」為戒的「法祖」政治信條。[33]

　　值得注意的，是有關「忘舊制，廢騎射，以效漢俗」的論述。崇德元年（1636）九月，大軍征明班師，雖然擄獲人畜十八萬，但多羅武英郡王阿濟格（ajige，1605-1651）、八旗固山額真（gūsa i ejen）費揚古（fiyanggū）、拜音圖（baintu）、阿山（asan，?-1647）、葉臣（yecen，1586-1648）、圖爾格（turgei，1587-1645）、達爾漢（darhan，1590-1644）、葉克舒（yekšu，?-1659）、譚泰（tantai，1594-1651）等，無視其戰功皆賴士卒之力，大軍後隊方至舊遼陽河沃赫（wehe）渡江，將帥竟已抵家二日，置彼等於不顧，聽任其尚在途中勞苦，引起皇太極不滿。[34]十一月十三日，皇太極召集諸親王、郡王、貝勒、固山額真及都察院各官於鳳凰樓（翔鳳樓），令弘文院筆帖式（bithesi）讀金國第五代汗世宗兀魯汗（完顏雍，1123-1189，1162-1189在位）《本紀》。他以金世宗「恐子孫習染漢俗，屢諭毋忘祖宗舊制，衣女直衣，習女直語，時時練習騎射」為例，申論以史為鑑的道理，並延伸其義以訓斥先自還家、有辱威名的八固山額真等，曰：「我國士卒，初有幾何？因善於騎射，故野戰則克，攻城即取，天下稱我兵立則不動搖，進則不退縮，揚名在外」，皆因能固守舊制，若上位者耽於享樂，一如金

---

[33] 參見喬治忠，〈清朝「敬天法祖」的政治原則〉，收入中國社會科學院歷史研究所明清史研究室編，《清史論叢・2002年號》（北京：中國廣播電視出版社，2002），頁74-76。

[34] 中國第一歷史檔案館、中國社會科學院歷史研究所譯註，《滿文老檔》，頁1605-1606，〈汗遣人諭責諸大臣先自還家〉，崇德元年九月三十日。

世宗之後諸汗習染漢俗，忘其騎射，未有不敗亡者。[35]金世宗在位期間，係金朝統治華北的中期，見女真人因「漢化」淪入腐化與頹廢，試圖推動女真本土化運動加以挽救，說明女真人從文化危機中覺醒。[36]皇太極時代，滿洲尚未脫離其根據地，亦未出現「漢化」傾向，卻能透過歷史經驗自我惕勵，其文化的、統治的危機意識，較之金世宗實更勝一籌。

自多爾袞（*dorgon*，1612-1650）攝政時期（1644-1650）至康熙皇帝親政（1669）之前，滿洲統治集團內部出現新、舊世代政治路線之爭。[37]先是，率領八旗勁旅入關的攝政王多爾袞確立「首崇滿洲」的政治原則，[38]在關內成長的順治皇帝在親政後（1651）卻傾慕漢文化、親近漢族官僚；[39]與此同時，「八旗人等，專尚讀書，有子弟幾人，俱令讀書，不肯習武」，[40]甚至出現「以披甲為畏途」的現象，[41]令滿洲守舊派大臣深感不滿。順治十一年

---

[35] 中國第一歷史檔案館、中國社會科學院歷史研究所譯註，《滿文老檔》，頁1696-1698，〈汗諭諸王大臣等謹遵滿洲舊制〉，崇德元年十一月十三日。

[36] 參見陶晉生，《女真史論》（臺北：食貨月刊出版社，1981），頁77-84。

[37] 最明顯的例證，即為入關初期滿洲既有的內三院和明制的內閣、翰林院幾經更迭。至康熙九年（1670），康熙皇帝清除朝中滿洲守舊勢力之後，下令將內三院改為內閣，始為定制。參見陳捷先，〈從清初中央建置看滿洲漢化〉，收入陳捷先，《清史論集》（臺北：東大圖書公司，1997），頁123-126。

[38] 參見周遠廉、趙世瑜，《清帝列傳‧皇父攝政王多爾袞》（長春：吉林文史出版社，1993），頁273-277。

[39] 參見周遠廉，《清帝列傳‧順治帝》（長春：吉林文史出版社，1993），頁311-323、頁335-345。

[40] 〔清〕鄂爾泰等修，《八旗通志‧初集》（吉林：東北師範大學出版社，1986），卷47，〈學校志‧國子監八旗官學〉，頁914。

[41] 〔清〕鄂爾泰等修，《清實錄‧世祖章皇帝實錄》，卷106，頁17b，順

（1654），和碩鄭親王濟爾哈朗（jirgalang，1599-1655）等滿洲舊臣趁朝中新（南）、舊（北）漢官相互傾軋之機，嚴厲地打擊以大學士陳名夏（?-1654）為首、以江南人為主的漢族官僚，[42]也迫使順治皇帝不得不承認，「習漢書，入漢俗」終將導致「漸忘我滿洲舊制」。[43]濟爾哈朗復以皇太極一再申諭的「常恐後世子孫，棄我國淳厚之風，沿習漢俗，即於惰淫」等語勸誡順治皇帝，更期待他能「效法太祖、太宗，不時與內外大臣詳究政務得失」。[44]

迨順治十八年（1661），順治皇帝崩於養心殿，朝廷旋即將皇帝罪己的遺詔十四條頒示天下。其中：第一條，「綱紀法度、用人行政，不能仰法太祖、太宗謨烈，……且漸習漢俗，於淳樸舊制日有更張」；第四條，「朕於諸王、貝勒等，晉接既疏，恩惠復鮮，以致情誼暌隔，友愛之道未周」；第五條，「滿洲諸臣，……朕不能信任，有才莫展，且明季失國，多由偏用文臣，朕不以為戒，而委任漢官」，[45]與濟爾哈朗的建言若合符節。論者以為，此三條遺詔未必出自順治皇帝的本意，實係孝莊皇太后（bumbutai，1613-1688）、宗室諸王，以及索尼（sonin，1601-1667）、

治十四年正月甲子條。

[42] 參見韓恆煜，〈陳名夏「南黨」案述略〉，收入中國社會科學院歷史研究所清史研究室編，《清史論叢·第七輯》（北京：中華書局，1986），頁151-165。

[43] 〔清〕鄂爾泰等修，《清實錄·世祖章皇帝實錄》，卷84，頁3b，順治十一年六月丁卯條。

[44] 〔清〕鄂爾泰等修，《清實錄·世祖章皇帝實錄》，卷89，頁4b-5a，順治十二年二月壬戌條。濟爾哈朗所說的「內外大臣」，是指宗室諸王、貝勒，以及滿洲大臣。

[45] 〔清〕鄂爾泰等修，《清實錄·世祖章皇帝實錄》，卷144，頁1b-2a，順治十八年正月丁巳條。

遏必隆（*ebilun*，?-1673）、蘇克薩哈（*suksaha*，?-1667）、鰲拜（*oboi*，1610-1669）等輔政大臣基於宗社長遠之計，[46]用以扭轉過去十年的政策偏失。

　　然而，旗人在入關後習尚仍漸趨頹壞，親政不久的康熙皇帝不禁感嘆「我太祖、太宗時，亦此滿洲也」，並認為是八旗官員「不勤加教育之所致也」；[47]迨三藩戰爭結束（1681），清朝在「中國」的統治已臻穩固，則又歸咎於習染漢俗。康熙二十二年（1683），皇帝指出：「近見西安官兵，尚有滿洲舊制，杭州駐防滿兵，漸習漢俗」，[48]並在引見新授杭州副都統洪尼喀時，面諭曰：「杭州駐防滿兵，漸染陋俗，日打馬吊為戲，不整容束帶而靸履行者甚多。既為滿洲，則當講習滿洲職業，勤於騎射。」[49]當軍紀渙散的事例持續發生，康熙皇帝為防止駐防旗人「留住外省，恐年久漸染漢習，以致騎射生疏」，命和碩康親王傑書（*giyešu*，1646-1697）等研擬對策，於康熙二十三年（1684）議定：「凡有老病、致仕、退甲，及已故官兵家口，俱令回京」；皇帝復指示：「西安等省駐防官兵，原非令其久住，若置立產業、墳塋，

46　參見孟森，〈世祖出家事考實〉，收入孟森，《清初三大疑案考實》（收入《近代中國史料叢刊》，第36輯，第352冊，臺北：文海出版社，1969），頁30、頁40。

47　中國第一歷史檔案館整理，《康熙起居注》（北京：中華書局，1984），頁139，康熙十二年十二月初六日辛丑。康熙皇帝指出，「滿洲乃國家根本，……今見滿洲貧而負債者甚多，賭博雖禁，猶然未息。……比來滿洲習於嬉戲，凡喪祭婚嫁，過於糜費，不可勝言」。

48　〔清〕馬齊等修，《清實錄・聖祖仁皇帝實錄（二）》，卷111，頁28a，康熙二十二年八月戊午條。

49　中國第一歷史檔案館整理，《康熙起居注》，頁1069，康熙二十二年九月初十日戊寅。

遂同土著，殊屬不合，著該將軍等，嚴行禁止」。[50]

康熙皇帝不僅約束旗人勿染漢習，更嚴格要求皇子。康熙二十六年（1687），他為皇太子胤礽（in ceng，1674-1725）挑選師父時，即曰：

> 文臣中願朕習漢俗者頗多，漢俗有何難學？一入漢習，即大背祖父明訓，朕誓不為此。且內廷亦有漢官供奉，朕曾入於漢習否？……設使皇太子入於漢習，皇太子不能盡為孝子，朕亦不能盡為父之矣。至於見侍諸子內，或有一人日後入於漢習，朕定不寬宥。且太祖皇帝、太宗皇帝時成法俱在，自難稍為姑息也。[51]

即便措辭嚴厲，康熙皇帝卻非排斥漢文化，且不掩飾對漢文化的興趣。例如：康熙四十三年（1704），康熙皇帝巡行塞外期間，「於萬幾餘暇，惟以書、射為事」，扈從官員奏言：「臣等日見皇上神射，發無不中，伏求皇上御書之時，亦賜臣等瞻仰。」皇帝不僅當眾揮毫，並云：「朕自幼好臨池，每日寫千餘字，從無間斷，凡古名人之墨蹟、石刻，無不細心臨摹。積今三十餘年，實亦性之所好」，惟又強調「朕即清字，亦素敏速，從無錯誤」。[52]對康熙皇帝而言，「效漢俗」與「守舊制」可以不相衝

突，但基於對「祖父明訓」的認知，仍有其堅持。

相較於康熙皇帝以曉諭的方式，雍正朝君臣則嘗試探究問題的癥結，並研擬對策。先是，雍正元年（1723），鑲黃旗滿洲副都統阿林保（alimboo）奏稱：

> 選取披甲，若只顧兵精，則失養育滿洲之理，若只思養育滿洲，則精兵必衰，……故臣愚意，嗣後傳諭八旗，給六個月之暇，由其選取披甲，滿洲人內，務視目下會滿洲語、會騎射者，取為披甲。若二人語言、射技相當，則取弓硬之人。由此將不習滿洲語、不會射箭之人，視各佐領步甲之缺，暫取為步甲，俟習滿語、射箭之時，取為馬甲。[53]

經八旗都統等議覆，「應將滿洲閒散人內，其不能清語者，給限三年，令其學習，有不能者，不准滿洲子弟挑取馬甲」。[54]對於

康熙四十三年七月乙卯條。又康熙皇帝擅長射箭，群臣所謂「皇上神射，發無不中」，並非虛言。例如：康熙三十五年（1696），康熙皇帝第二次親征噶爾汗噶爾丹期間，「親率諸皇子並侍衛等射。上連發五矢俱中，兩翼侍立蒙古諸王、……皆驚異讚美，曰：『射之神奇，有如此耶？皇上英武，誠邁世矣。』於是眾皆跪，請視皇上之弓。上笑以所持弓，授親近侍衛吳什傳示，眾皆遞相控引，竟不能張，乃復相顧驚嘆，曰：『如此勁弓、如何引滿耶？』」雍正皇帝曾追述此事，曰：「皇考神武天授，挽強貫札之能，超越千古，眾蒙古見之，無不驚服，而朕之技射，不及皇考矣。」分見〔清〕馬齊等修，《清實錄‧聖祖仁皇帝實錄（二）》，卷171，頁19b-20a，康熙三十五年戊辰條；中國第一歷史檔案館，《雍正朝起居注冊》，頁798，雍正四年十月初二日庚申。

[53] 中國第一歷史檔案館譯編，《雍正朝滿文硃批奏摺全譯》（合肥：黃山書社，1998），頁262，〈鑲黃滿洲旗副都統阿林保奏陳養育滿洲精銳旗兵等事摺〉，雍正元年八月初三日。

[54] 〔清〕允祿等奉敕編，《世宗憲皇帝諭行旗務奏議》（收入《景印文

旗人「不習滿洲語、不會騎射」的現象，雍正皇帝認為，全在
「文武臣工仰恃皇考之寬仁，遂乃怠於公務，不勤厥職」，因而
法制廢弛，致使兵丁等「以無教訓、勸懲之人，遂皆罔知警惕，
不勤習騎射，不諳知生計」，乃訓令八旗大臣等，「於三年內，
將一切廢弛陋習，悉行整飭。諸臣當各實心任事，訓練騎射，整
齊器械，教以生理。有頑劣者，即懲之以法」；屆時略無改進，
則嚴懲該大臣。[55]

　　關於旗人「效漢俗」的原因，順治皇帝認為是「習漢書」，
康熙皇帝另指出是「居漢地」所致，[56]雍正皇帝則主張係雙重作
用下的結果。雍正二年（1724），刑科給事中趙殿最（1668-1744）、
監察御史邁柱（1670-1738）等奏陳，東北船廠地方應建造文廟、設

淵閣四庫全書》，第413冊，臺北：臺灣商務印書館，1983），卷1，頁
6b，奏入於雍正元年九月二十六日，「奉旨，所議是，知道了」。「馬
甲」（moringga cooha）即「馬兵」，為八旗子弟成丁後的主要出路；
「馬甲」中表現佳者，選為「護軍」（bayara），擔任禁門或王府守衛；
「護軍」中精銳者，則選入「前鋒營」（gabsihiyan i cooha），擔任警蹕宿
衛。參見〔清〕允祿等奉敕編，《世宗憲皇帝上諭八旗》（收入《景印
文淵閣四庫全書》，第413冊，臺北：臺灣商務印書館，1983），卷4，
頁90a，雍正四年十月十四日，管理正黃旗都統事務多羅順承郡王錫保等
奉上諭。

55　〔清〕允祿等奉敕編，《世宗憲皇帝上諭八旗》，卷1，頁22a-24a，雍正
元年十月二十五日，召入八旗大臣等奉上諭。

56　康熙皇帝訓曰：「我朝舊典，斷不可失。朕幼時所見老先輩極多，故服
食器用，皆按我朝古制，毫未變更。今住京師，已七十餘年，居此漢
地，八旗滿洲後生微微染於漢習者，未免有之。惟在我等在上之人，常
念及此，時時訓戒。在昔金、元二代，後世君長，因居漢地，年久漸入
漢俗，竟如漢人者，有之。朕深鑑此，而屢訓爾等者，誠為我朝之首
務，命爾等人人緊記，著意謹遵故也。」〔清〕清聖祖御製，清世宗
纂，《聖祖仁皇帝庭訓格言》（收入《景印文淵閣四庫全書》，第717
冊，臺北：臺灣商務印書館，1983），頁83b-84a。

立學校，令滿洲、漢軍子弟讀書考試，[57]雍正皇帝諭曰：

> 文武學業，俱屬一體，不得謂孰重孰輕。……我滿洲人
> 等，因居漢地，不得已與本習日以相遠，惟賴烏拉、寧古
> 塔等處兵丁，不改易滿洲本習。今若如此崇尚文藝，則子
> 弟之稍穎悟者，俱專意於讀書，不留心於武備矣。即使百
> 方力學，豈能及江南漢人？何必舍己所能出人之技，而習
> 其不能及人之事乎？[58]

進而要求留駐東北旗人，「務守滿洲本習，不可稍有疑貳」；至
於在京者，「文武二藝，俱為不得不學之事」，惟「滿洲子弟雖
教以讀書，亦不可棄置本習」。[59]

　　康、雍二帝飭令旗人勤習清語、騎射以保持民族特質，並
作為抗拒沾染漢俗的途徑，乾隆皇帝亦踵繼父、祖之論，對於清
語、騎射荒疏者，無不嚴詞訓斥。[60]乾隆十七年（1752），乾隆皇

---

[57] 中國第一歷史檔案館編，《雍正朝漢文硃批奏摺彙編》（南京：江蘇古籍出版社，1989），第3冊，頁307-308，〈刑科給事中趙殿最等奏陳於船廠等處設立學堂摺〉，雍正二年七月十三日。

[58] 〔清〕允祿等奉敕編，《世宗憲皇帝上諭八旗》，卷2，頁25a-25b，雍正二年七月二十三日，辦理船廠事務給事中趙殿最請於船廠地方建造文廟設立學校令滿漢子弟讀書考試等語具奏，奉上諭。

[59] 〔清〕允祿等奉敕編，《世宗憲皇帝上諭八旗》，卷2，頁26b-27a，雍正二年七月二十三日，辦理船廠事務給事中趙殿最請於船廠地方建造文廟設立學校令滿漢子弟讀書考試等語具奏，奉上諭。

[60] 例如：乾隆二十五年（1760），值閱看八旗閒散世職馬步箭、清語之期，乾隆皇帝發現「竟有步射生疏，不能清語者」，認為三年閱看一次，時日甚長，「果能向學，斷無不精熟之理。斯皆由平日偷安，該管大臣等，又復不勤加教訓所致。若不力為整飭，日趨日下，必致廢棄滿洲舊

帝恭閱《太宗文皇帝實錄》內載崇德元年皇太極於翔鳳樓訓諭諸王、大臣以《金史・世宗本紀》為鑑等語，「不勝欽凜感慕」，基於「我朝滿洲先正遺風，自當永遠遵循，守而勿替」，遂下令在紫禁城箭亭、御園引見樓、侍衛教場、八旗教場等處，各立〈訓守冠服騎射碑〉，勗勉後世子孫「咸知滿洲舊制，敬謹遵循，學習騎射，嫻熟國語，敦崇淳樸，屏去浮華，毋或稍有怠惰」。[61]乾隆皇帝立碑的動機，既有重申「恐日後子孫忘舊制，廢騎射，以效漢俗」的用意，亦因《實錄》纂成之後不對外公開，[62]故曰：「我皇祖太宗聖訓所垂，載在《實錄》，若非刊刻宣示，則累朝相傳之家法，外廷臣僕何由共悉？」[63]不同的是，

習」。同年，廢員鼐郎阿趁乾隆皇帝巡幸木蘭圍場接駕獻詩，遭皇帝斥責，諭曰：「原任翰林鼐郎阿，身為滿洲，亦效漢人獻詩。考試時又甚平庸，看來伊從前會試中式，必係夾帶舞弊。而革職後自應悔過自責，果能熟習騎射，充補護軍披甲後，仍不廢其所學，朕聞之，或予以原官，或補授侍衛，俱未可定。今鼐郎阿，棄舍滿洲本業，效尤漢人佻㒴獻詩，諒其詩亦必係假手代作，朕斷不肯復加錄用。使旗人效尤而行，滿洲本業，益至廢弛。將此通行傳諭八旗，嗣後漢人務守滿洲淳樸舊習，勤學騎射、清語，斷不可薰染漢人習氣，流入浮華，致忘根本」。分見〔清〕慶桂等修，《清實錄・高宗純皇帝實錄（八）》，卷613，頁7b-8a，乾隆二十五年五月甲子條；同書，卷620，頁2b-3a，乾隆二十五年九月癸卯條。

61 中國第一歷史檔案館編，《乾隆朝上諭檔》（北京：檔案出版社，1991），第2冊，頁599，乾隆十七年三月二十日，奉上諭。

62 據《清仁宗實錄館奏摺檔》記載：「……例應遵照御覽黃綾本，恭繕紅綾本四分本中，大內、皇史宬、內閣三處尊藏本，每分均應恭繕清字、蒙古字、漢字各一部；盛京尊藏本，例不繕蒙古字，應恭繕清字、漢字各一部」。見故宮博物院文獻館編，《文獻叢編》（臺北：國風出版社，1964），下冊，〈清仁宗實錄館奏摺檔・十三〉，頁1026下。

63 中國第一歷史檔案館編，《乾隆朝上諭檔》，第2冊，頁599，乾隆十七年三月二十日，奉上諭。

他另將淳樸與騎射、清語並舉。

所謂「淳樸」，是指包括敬天、法祖、忠君、尚武精神、勇於任事等一切好的品德與行為，[64]乃雍正皇帝亟欲恢復的八旗風俗，[65]乾隆皇帝更視「習氣淳樸，騎射熟練」為「勝於漢人」之處。[66]然而，淳樸的概念，係出自雍、乾二帝的塑造，並非滿洲的「本質」，[67]卻刻意將之嵌入歷史記載中。成書於乾隆四年（1739）的重修本《太宗文皇帝實錄》，[68]提及「淳樸」字樣者，僅見於天聰六年十二月乙丑（初二日）頒布服式之制，上諭曰：

> 國家服式之制，所以辨等威、定民志，朝野各有遵守。我
> 國風俗素敦淳樸，近者奢靡，僭越之風往往而有，不可不

---

64 參見葉高樹，〈習染既深，風俗難移：清初旗人「漸染漢習」之風〉，收入國立臺灣師範大學歷史學系編，《近世中國的社會與文化（960-1800）論文集》（臺北：國立臺灣師範大學歷史學系，2007），頁249-273。

65 參見蔡名哲，〈滿洲人的淳樸從何談起：一個研究概念的探討〉，《成大歷史學報》，49（臺南，2015.12），頁220-222。

66 〔清〕慶桂等修，《清實錄·高宗純皇帝實錄（七）》，卷524，頁10b，乾隆二十一年十月壬申條。

67 參見蔡名哲，〈滿洲人的淳樸從何談起：一個研究概念的探討〉，頁215-224。

68 《太宗文皇帝實錄》有幾種不同的版本：一、順治六年（1649）議修，順治九年（1652）始正式開館，順治十二年（1655）告成，題為《大清太宗應天興國弘德彰武寬溫仁聖睿孝文皇帝實錄》，此即漢文初纂本。二、康熙十二年（1673）蒐討訂正，康熙二十一年（1682）重修告竣，題為《大清太宗應天興國弘德彰武寬溫仁聖睿孝隆道顯功文皇帝實錄》，是為康熙年間重修本。三、雍正十二年（1734）重加校對，乾隆四年（1739）恭校繕竣，題為《大清太宗應天興國弘德彰武寬溫仁聖睿孝敬敏昭定隆道顯功文皇帝實錄》，則為定本。參見莊吉發，〈清太宗漢文實錄初纂本與重修本的比較〉，收入莊吉發，《清代史料論述（一）》（臺北：文史哲出版社，1979），頁217-218。

> 定為法制，昭示國中。八固山諸貝勒在城中行走，冬、
> 夏俱服朝服，出外方許服便服。冬月入朝，許戴元狐大
> 帽，……。[69]

然順治十二年（1655）成書的初纂本《大清太宗文皇帝實錄》，
僅言：

> 諭八固山貝子，凡在城中行走，冬、夏俱服朝服，不得服小
> 袍，出外方許服之。冬月入朝，許戴玄狐皮大帽，……。[70]

其中，並無「國家服式之制，……昭示國中」一段；至於文中「貝
子（beise，宗室封爵第四等）」一詞，應是「貝勒」的複數「beise」
的誤譯。再查對關外時期的記事檔冊《滿文原檔》，則曰：

> *han joo bithe wesimbume hendume.*（汗下詔書說）*mini beyeci
> fusihūn jakūn gūsai beise*（從我以下八固山諸貝勒）*yaya gašan i
> giyai de*（凡在村的街路）*tuweri juwari gemu ergume etu.*（冬、

---

[69] 〔清〕鄂爾泰等修，《清實錄・太宗文皇帝實錄》，卷12，頁25b，天聰
六年十二月乙丑條。

[70] 〔清〕剛林等修，《大清太宗文皇帝實錄・初纂本》（臺北：國立故宮
博物院藏），卷10，頁32a，天聰六年十二月初二日。另《清太宗實錄稿
・天聰六年》（順治九年[1652]敕修初稿本），曰：「諭八固山貝子，凡在城
中行走，冬、夏俱服朝服，不許〔得〕服小袍，出外方許穿〔服之〕。
冬間月〔入〕朝日，許戴玄狐皮大帽，……。」可知「初纂本」的內
容，是根據「稿本」而來。見《內閣大庫檔案資料庫》（臺北：中央研
究院歷史語言研究所），登錄號：166449-001，〈天聰六年清太宗實錄
稿〉，天聰六年十二月初二日，無頁碼。

夏皆穿朝衣）sijigiyan ume eture.（勿穿袍）bihan[bigan] de tucifi yabure de（在出野外行走時）sijigiyan etu.（穿袍）*tuweri doroi bade oci*（若是冬季正式的場合）*sahaliyan dobihi amba mahala etu.*（戴黑狐皮大帽）……[71]

顯然「我國風俗素敦淳樸」之說，是利用重修《實錄》之便加以增飾；此亦反映在刊行的《太宗文皇帝聖訓》中，[72]藉以訓示旗人切莫因居漢地而背離「本習」。

降及乾隆朝中期，在歷經以漢軍、開戶人、另記檔案人為對象的「出旗為民」政策之後，[73]皇帝的統治課題不再僅限於如何防範旗人習染漢俗，還須設法凝聚旗人對國家的向心力，及其對民族文化的自信心。因此，乾隆皇帝以整理開國史事和典章制度

---

[71] 馮明珠主編，《滿文原檔》，第8冊，頁276，〈地字檔〉，天聰六年十二月初二日。

[72] 雖然《實錄》不公開，但是與之同時編修、纂輯上諭的《聖訓》則有刊行。《太宗文皇帝聖訓》係由「世祖章皇帝命儒臣恭輯，未及成書。康熙十年（1671）四月，聖祖仁皇帝命續輯；二十一年（1682）十月，命重修，分類二十有三，……乾隆四年（1739），奉旨校刊」，呈現的是經改定且選擇過的內容。例如：天聰六年壬申十二月乙丑的上諭，保留「國家服式之制，……昭示國中」；另選錄「自今閒散、侍衛、章京、護軍，及諸貝勒下閒散、護衛、章京、護軍以上，許服緞衣，餘者俱用布。一緞之值，可當十布，與其以一緞成一衣，何如十布可得十衣。所以禁止者，非為緞疋專供上用，實有便於貧民也」一段。分見〔清〕清高宗敕纂，《國朝宮史》（收入《景印文淵閣四庫全書》，第657冊，臺北：臺灣商務印書館，1983），卷23，〈書籍二・太宗文皇帝聖訓一部〉，頁5a-5b；〔清〕清世祖敕編，清聖祖續編，《太宗文皇帝聖訓》（收入《景印文淵閣四庫全書》，第411冊，臺北：臺灣商務印書館，1983），卷6，〈節儉〉，頁11a-11b。

[73] 關於出旗政策的實施經過及其影響，參見鄭小悠，〈核心—邊緣：乾隆朝「出旗為民」研究〉，《文史》，2016:4（北京，2016.11），頁162-174。

為手段，期能達到教化思想、訓育行為的目的，[74]其具體成果，據纂修《滿洲源流考》（乾隆五十四年，1789）諸臣之見，曰：

> 我皇上繼志述事，勗循舊章，諄諭八旗臣僕，敦本率初，罔弗躬先，而申訓之。凡夫崇勳偉績、祭祀冠服、語言文字之詳，俱載於《欽定開國方略》（乾隆五十四年，1789）、《滿洲祭神祭天典禮》（乾隆四十二年，1777）、《皇朝禮器圖式》（乾隆三十一年，1766）、《大清通禮》（乾隆二十四年，1759）、《（御製增訂）清文鑑》（乾隆三十八年，1773）諸書。所以嚴萬世之法，守而翬無疆，丕丕基者，粲然大備矣。[75]

既展現立國規模，又隆重國家儀制，比之漢族政權毫不遜色；而《欽定開國方略》記武功，《御製增訂清文鑑》載語言，《欽定滿洲祭神祭天典禮》述古風，[76]在在呼應騎射、清語、淳樸的滿洲核心價值。

---

[74] 關於乾隆皇帝對開國史的重整，參見喬治忠，《清朝官方史學研究》（臺北：文津出版社，1994），頁255-269。

[75] 〔清〕阿桂等奉敕撰，《欽定滿洲源流考》（收入《景印文淵閣四庫全書》，第499冊，臺北：臺灣商務印書館，1983），卷16，〈國俗‧序〉，頁3b-4a。

[76] 館臣闡述《欽定滿洲祭神祭天典禮》的意義，曰：「若夫稟性篤敬，立念盹誠，祀天祀神，典禮綦重，較古人執豕酌匏之風，尤為謹凜。」見〔清〕阿桂等奉敕撰，《欽定滿洲源流考》，卷16，〈國俗‧序〉，頁2b-3a。

三、對政治控制手段的設想

　　皇太極提出「滿、漢之人，均屬一體」的統治原則，意在保障政權中漢族的待遇，並希望能在戰場上多擄獲漢人，因為「如收得一、二賢能之人，堪為國家之助，其利賴寧有窮也。且將來休養生息，我國人民日益繁庶矣」。[77]天聰年間，歸附金國的漢官的確如皇太極預期，他們分就政府體制、內政措施、軍事策略各方面，提出改革的構想，進而將金國建設成接近漢人期待的政權；[78]另一方面，雖然皇太極對漢習多所防範，卻非全盤否定漢文化的價值。例如：天聰五年（1631），大軍圍明大凌河城超過四個月，城中「人皆相食，猶以死守。雖援兵盡敗，凌河已降，而錦州、松山、杏山猶不忍委棄而去」，皇太極認為是「讀書明道理，為朝廷盡忠之故」。反觀一年之前，二貝勒阿敏（amin，1585-1640）等奉命駐守永平、遵化、灤州、遷安四城，稍遇明軍反擊，便棄城而回，則「豈非未嘗學問，不明理義之故乎？」乃下令諸貝勒、大臣子弟十五歲以下，八歲以上者，俱令讀書。[79]對此，鑲紅旗相公胡貢明稱之為「誠大有為之作用也」；[80]參將甯

---

[77]　〔清〕鄂爾泰等修，《清實錄・太宗文皇帝實錄》，卷6，頁22b，天聰四年四月己卯條。

[78]　參見蔡松穎，〈皇太極時期的漢官（1627-1643）〉（臺北：國立臺灣師範大學歷史學系碩士論文，2011），頁165-330。

[79]　〔清〕鄂爾泰等修，《清實錄・太宗文皇帝實錄》，卷10，頁19b-20a，天聰五年十一月庚子條。

[80]　羅振玉輯，《史料叢刊初編・天聰朝臣工奏議》（收入于浩主編，《明清史料叢書八種》，第2冊，北京：北京圖書館出版社，2005），卷上，

完我（1593-1665）則向皇太極推薦漢文典籍中「最緊要、大有益之書」，希望「汗與貝勒及國中大人所當習聞明知，身體而力行者」。[81]透過翻寫進講，使滿洲統治階層習得「臨政規範」，[82]亦藉以掌握漢人的思想行為模式。[83]因此，逐漸形成利用漢官、引進漢制，以及了解漢文化的「以漢治漢」策略，也為日後清朝治理「中國」奠定基礎。

　　關於引進漢制，金國的六部制度係於天聰五年仿明制再加斟酌損益而來，並依《大明會典》的規範運作，刑部承政高鴻中便認為「凡事都照《大明會典》，極為得策。我國事有可依而行者，有不可依而行者，大都不甚相遠」。[84]甯完我卻持不同看法，曰：「《大明會典》雖是好書，我國今日全照他行不得。他家天下二、三百年，他家疆域橫亙萬里，他家財賦不可計數，況《會典》一書，自洪武到今，不知增減改易了幾番」，唯有「參漢酌金，用心籌思」，「庶日後得了蠻子地方，不至手忙腳

頁12b，〈胡貢明陳言圖報奏〉，天聰六年正月二十九日。

[81] 羅振玉輯，《史料叢刊初編・天聰朝臣工奏議》，卷中，頁25b，〈甯完我請譯《四書》、《武經》、《通鑑》奏〉，天聰七年七月初一日。甯完我認為「最緊要、大有益之書」，包括：「如要知正心、修身、齊家、治國的道理，則有《孝經》、《學》、《庸》、《論》、《孟》等書。如要益聰明智識、選練戰攻的機權，則有《三略》、《六韜》、《孫吳》、《素書》等書。如要知古來興廢的事跡，則有《通鑑》一書」。

[82] 〔清〕昭槤，《嘯亭雜錄・續錄》（北京：中華書局，1980），卷1，〈繙書房〉，頁397。

[83] 參見馬丁・嵇穆（Martin Gimm），〈滿洲文學述略〉，收入閻崇年編，《滿學研究》，第1輯（長春：吉林文史出版社，1992年），頁195、頁204-206。

[84] 羅振玉輯，《史料叢刊初編・天聰朝臣工奏議》，卷上，頁1b，〈高鴻中陳刑部事宜奏〉，天聰六年正月。

亂」。[85]甯完我之論陳義甚高，然順治元年入關之初，攝政王多爾袞驟然面對人口、文化差距更為懸殊的嚴峻考驗，已無暇深思，一切措施只能仍明舊制，其中又以宣布「會試，定於辰、戌、丑、未年；各直省鄉試，定於子、午、卯、酉年。凡舉人不係行止黜革者，仍准會試。各處府、州、縣儒學食廩生員，仍准給廩；增附生員，仍准在學肄業，俱照例優免」，[86]影響最大。

　　早在金國天聰三年，皇太極曾以「振興文治」為由，更改明例，考試儒生，分別優劣，依成績賞給緞、布，並各給二丁，免除差傜；[87]天聰八年（1634），禮部管部貝勒薩哈連（sahaliyan，1604-1636）奉旨開科，取習滿書滿洲、習漢書滿洲、習滿書漢人、習漢書漢人、習蒙古書蒙古共十六人，「俱賜為舉人，各賜衣一襲，免四丁」，[88]性質應為學力或語文能力測驗。崇德三年

---

[85] 羅振玉輯，《史料叢刊初編・天聰朝臣工奏議》，卷中，頁35a-35b，〈甯完我請變通《大明會典》設六部通事奏〉，天聰七年八月初九日。

[86] 〔清〕鄂爾泰等修，《清實錄・世祖章皇帝實錄》，卷9，頁11a，順治元年十月甲子條。

[87] 分見〔清〕鄂爾泰等修，《清實錄・太宗文皇帝實錄》，卷5，頁14a，天聰三年八月乙亥條；同書，卷5，頁14b，天聰三年九月壬午條。這次考試雖說是「振興文治」，實為撫平漢民遭努爾哈齊大屠殺後的疑懼，據《滿文原檔》補記天命十年（1625）大屠殺事件的後續情形，曰：「tere warade,（此次屠殺時）saisa siosai sa wabume wajifi,（賢者、秀才等被殺完了）amala sure han ilifi nasame,（後來天聰汗即位之後嘆息）funcehe sulaha ehe sain siosaisa be baicafi,（查殘餘秀才等的優劣）dasame nikan doroi simnefi,（更改明例考試）ilan tanggū funceme siosai bahafi,（得秀才三百餘人）juwe te haha holbofi（配給男丁各二人）alban guwebuhe◌（寬免正賦）」。見馮明珠主編，《滿文原檔》，第4冊，頁334，〈收字檔〉，天命十年十月初三日。《原檔》言：「得秀才三百餘人」，《實錄》則曰：「其時諸生隱匿得脫者，約三百人。至是考試分別優劣，得二百人」。見〔清〕鄂爾泰等修，《清實錄・太宗文皇帝實錄》，卷5，頁14b，天聰三年九月壬午條。

[88] 〔清〕鄂爾泰等修，《清實錄・太宗文皇帝實錄》，卷18，頁12a，天聰

（1638）、六年（1641），又舉行兩次考試，既分舉人、生員，又授予官職，[89]則與明朝的科舉考試相近。惟關外時期歷次考試的應試者，無論滿洲、蒙古、漢人，皆為旗下屬人（haratu），自順治二年（乙酉，1645）按明例復行的鄉試、次年（丙戌，1646）的會試，以及往後定期或奉特旨的考試，則是為漢族而設。[90]對多爾袞而言，重開科舉的作用，一如傳諭故明官民各衙門官員俱照舊錄用、為崇禎皇帝（朱由檢，1611-1644，1628-1644）服喪三日、遣官祭先師孔子（551B.C.-479B.C.）等措施，[91]都具有收攬人心的意義。特別的是，明朝以「八股」取士的影響，此法不僅窒礙讀書人的思想，也促成其相信權威的生命態度，[92]漢族士子一旦應舉，等同

八年四月辛巳條。

[89] 崇德三年（1638），「賜中式舉人羅碩、……等十名，朝衣各一領，授半個牛彔章京（niru i janggin，佐領）品級，各免人丁四名。一等生員鄂漢克圖、滿鬮等十五名，二等生員鏗特、碩代等二十八名，三等生員費齊、溫泰等十八名各賜紬布，授護軍校品級，已入部者免二丁，未入部者免一丁」。崇德六年（1641），內三院大學士范文程（1597-1666）、希福（hife，1589-1652）、剛林（garin，?-1651）等，奏請於「滿、漢、蒙古內，考取生員、舉人」；此次舉中舉人七名，各賜緞朝衣一領，一等生員十一名，各賜緞一、布二，二等生員十六名，各賜緞一、布一，三等生員，十八名，各賜布二。分見〔清〕鄂爾泰等修，《清實錄・太宗文皇帝實錄》，卷43，頁11b-12a，崇德三年八月戊申條；同書，卷56，頁6a，崇德六年六月辛亥條；同書，卷56，頁12a-12b，崇德六年七月戊寅條。

[90] 自順治八年（1651）起，旗人獲准參加科舉考試，其後規定幾經變動，至康熙二十六年（1687），朝廷始全面開放旗人應試。參見〔清〕允祿等監修，《大清會典・雍正朝》（收入《近代中國史料叢刊三編》，第78輯，第770冊，臺北：文海出版社，1994），卷73，〈禮部・貢舉・鄉試通例〉，頁21a-22a。

[91] 分見〔清〕鄂爾泰等修，《清實錄・世祖章皇帝實錄》，卷5，頁2a，順治元年五月己丑條；同書，卷5，頁2b，順治元年五月辛卯條；同書，卷5，頁11b，順治元年六月壬申條。

[92] 參見李弘祺，〈中國科舉考試及其近代解釋五論〉，《廈門大學學報

於合作，遂為清朝統治營造有利情境，且超乎統治者的預期。

　　與科舉關係密切者，為學校教育。順治九年（1652），朝廷宣布「說書以宋儒傳註為宗，行文以典實純正為尚」的教育原則，並通令坊間書賈，「止許刊行理學政治，有益文業諸書。其他瑣語淫詞，及一切濫刻窗藝社稿」，一概嚴禁；[93]又刊立臥碑，置於明倫堂之左，曉示生員，曰：「朝廷建立學校，選取生員，免其丁糧，厚以廩祿，設學院、學道、學官以教之。各衙門官，以禮相待，全要養成賢才，以供朝廷之用。諸生皆當上報國恩，下立人品」，特開列教條八項，使之知為孝子、忠臣、清官、良吏。[94]順治皇帝在此前提下，更進一步宣示「崇儒重道」的「教養儲材」方針，[95]期望士子於「經學、道德、經濟、典故諸書，務須研求淹貫，博古通今，明體則為真儒，達用則為良吏」；勗勉官員於「政事之暇，亦須留心學問，俾德業日修，識見益廣」。[96]簡言之，即是利用漢族士人信奉的儒家知識，達到政治

（哲學社會科學版）》，2006:2（廈門，2006.3），頁22。清朝重開科舉，亦採「八股文」，惟康熙二年（1663）下令停止，改用策論表判；康熙七年（1668），復以八股文取士。分見〔清〕馬齊等修，《清實錄·聖祖仁皇帝實錄（一）》，卷9，頁24a-24b；康熙二年八月癸卯條：同書，卷26，頁15b，康熙七年七月壬寅條。

[93]　〔清〕伊桑阿等纂修，《大清會典·康熙朝》（收入《近代中國史料叢刊三編》，第72輯，第717冊，臺北：文海出版社，1992），卷51，〈禮部·儀制清吏司·學校·考試〉，頁20a。

[94]　〔清〕允祿等監修，《大清會典·雍正朝》（收入《近代中國史料叢刊三編》，第78輯，第770冊），卷75，〈禮部·儀制清吏司·學校·儒學·臥碑文〉，頁7a-8b。

[95]　〔清〕鄂爾泰等修，《清實錄·世祖章皇帝實錄》，卷74，頁9a-10a，順治十年四月甲寅條。

[96]　〔清〕鄂爾泰等修，《清實錄·世祖章皇帝實錄》，卷90，頁16a-16b，順治十二年三月壬子條。

控制的目的。

　　與此同時，統治者對於未進入學校受教的漢民，則施以儒家倫理教條的社會教育。先是，順治九年，於直隸各省頒行「六諭」臥碑，文曰：「孝順父母，恭敬長上，和睦鄉里，教訓子孫，各安生理，無作非為」；順治十六年（1659），更「令五城設立公所講解開諭，以廣教化。直省府、州、縣亦皆舉行鄉約，各地方官責成鄉約人等，每月朔、望，聚集公所宣講」。[97]繼之，康熙九年（1670），康熙皇帝特頒「以教化為先」的《聖諭十六條》，[98]禮部題請通行曉諭直隸各省府、州、縣鄉村人等，切實遵行。[99]雍正二年，雍正皇帝復據《聖諭十六條》，「尋繹其義，推衍其文，共得萬言，名曰《聖諭廣訓》」，頒行天下。[100]是書旋依翰林院侍講學士張照（1691-1745）、國子監祭酒張廷璐（1675-1745）之請，分令「各省學臣轉頒各州縣教官，俾童蒙即加誦讀，縣府考覆試時、令其背錄一條。方准錄取」，以及由各直省將軍、提、鎮，「轉飭所屬將弁，每月朔、望，齊集兵丁，

97　〔清〕嵇璜等奉敕撰，《皇朝文獻通考》（收入《景印文淵閣四庫全書》，第632冊，臺北：臺灣商務印書館，1983），卷21，〈職役考〉，頁22a。

98　〔清〕馬齊等修，《清實錄・聖祖仁皇帝實錄（一）》，卷34，頁10a-11a，康熙九年十月癸巳條。《聖諭十六條》文曰：「敦孝弟以重人倫，篤宗族以昭雍睦，和鄉黨以息爭訟，重農桑以足衣食，尚節儉以惜財用，隆學校以端士習，黜異端以崇正學，講法律以儆愚頑，明禮讓以厚風俗，務本業以定民志，訓子弟以禁非為，息誣告以全善良，誡窩逃以免株連，完錢糧以省催科，聯保甲以弭盜賊，解讐忿以重身命。」

99　〔清〕馬齊等修，《清實錄・聖祖仁皇帝實錄（一）》，卷34，頁21a-21b，康熙九年十一月己卯條。

100　〔清〕鄂爾泰等修，《清實錄・世宗憲皇帝實錄（一）》（北京：中華書局，1985），卷16，頁2a，雍正二年二月丙午條。

宣讀聽講」。[101]如此一來，漢族士庶、軍民無不被納入儒家的君
臣、父子秩序體系中。

清初諸帝深悉提倡孔子之教裨益統治的一面，雍正皇帝更不
掩飾其操作的意圖，曰：

> ……若無孔子之教，則人將忽於天秩天敍之經，昧於民彝
> 物則之理。勢必以小加大，以少凌長，以賤妨貴，尊卑倒
> 置，上下無等，干名犯分，越禮悖義。……惟有孔子之
> 教，而人道之大經，彝倫之至理，昭然如日月之麗天，江
> 河之行地。歷世愈久，其道彌彰。統智愚賢不肖之儔，無
> 有能越其範圍者。綱維既立，而人無踰閑蕩檢之事。在臣
> 子固守其常，名義攸昭，而各懷尊君親上之心，在君父
> 尤受其益。……使為君者，不知尊崇孔子，亦何以建極
> 於上，而表正萬邦乎？人第知孔子之教，在明倫紀、辨名
> 分、正人心、端風俗，而亦知倫紀既明，名分既辨，人心
> 既正，風俗既端，而受其益者之尤，在君上也哉。[102]

他的尊孔，超越前代帝王，甚至為求集中且擴大皇權，而將儒
家教化推展至八旗內部。[103]以推廣《聖諭廣訓》為例：雍正三年

---

[101] 〔清〕鄂爾泰等修，《清實錄・世宗憲皇帝實錄（一）》，卷31，頁
32b，雍正三年四月甲午條。

[102] 中國第一歷史檔案館編，《雍正朝起居注冊》，頁1375-1376，雍正五年
七月十九日癸酉。

[103] 關於雍正皇帝尊孔，及其削弱八旗、強化皇權等措施的討論，分見馮爾
康，《雍正傳》（北京：人民出版社，1985），頁422-425、頁294-300。

（1725），諭令八旗各佐領下，於每月初一日傳集該管官兵，明白
解講，教場射箭之期，亦令講解，曉諭於眾；[104]雍正七年，規定
覺羅人等至十八歲以上未曾讀書者，於每月朔、望傳集該旗公
署，進行宣講；[105]雍正八年（1730），指示順天、河間、宣化、正
定、保定各府所轄八旗莊屯，於農隙時宣講。[106]此種作法，是將
「以漢治漢」的手段加諸於旗人，雖然可以強化旗人「尊君親上
之心」，也可達到「為益於帝王」的目的，[107]但是不免造成旗人
因接受漢族的道德與思維，而衝擊滿洲的核心價值，仍會構成潛
藏的統治危機，此或為雍正皇帝始料未及者。總之，藉由宣讀
《聖諭廣訓》，可使「鄉曲愚民咸生孝友敦睦之思，共知尊卑長
幼之節」，[108]容或間有虛應故事者，惟此一活動仍持續推展，[109]

---

[104] 〔清〕允祿等奉敕編，《世宗憲皇帝諭行旗務奏議》，卷3，頁7b，奏入
於雍正三年四月二十三日，「奉旨，知道了」。

[105] 〔清〕允祿等奉敕編，《世宗憲皇帝上諭旗務議覆》（收入《景印文
淵閣四庫全書》，第413冊，臺北：臺灣商務印書館，1983），卷7，頁
25b，奏入於雍正七年十二月十九日，「奉旨，依議」。

[106] 〔清〕允祿等奉敕編，《世宗憲皇帝上諭旗務議覆》，卷8，頁
24b-25a，奏入於雍正八年八月初九日，「奉旨，依議」。

[107] 〔清〕清世宗御製，《世宗憲皇帝御製文集》（收入《景印文淵閣四庫
全書》，第1300冊，臺北：臺灣商務印書館，1983），卷16，〈碑文·
修建闕里聖廟碑文〉，頁1b。

[108] 國立故宮博物院編，《宮中檔雍正朝奏摺》（臺北：國立故宮博物院，
1977），第15輯，頁694，〈王士俊·奏報宣講《聖諭廣訓》摺〉，雍正
八年二月十六日。

[109] 例如：道光十五年（1835），御史豫泰奏請整飭學校以勵人材，諭曰：
「定例，每於朔、望敬謹宣講《聖諭廣訓》，並分派教官親赴四鄉宣
讀，俾城鄉士民共知遵守，……近來奉行日久，視若具文，教官懈於訓
誨，士風習於浮夸，允宜亟加整頓，振起人材。著直省各督撫嚴飭地
方官遵照成例，敬謹宣講《聖諭廣訓》，務須實力奉行，不得日久生
懈」；另道光十九年（1839），上諭直省督撫、學政妥議廣敷教化、整飭

是以無論旗、民，其思想、行為模式都在皇帝控制之中。

　　上述與儒家相關的一切措施，係利用漢族服膺的意識形態為工具，傳統的論述多將之歸類為滿洲統治「中國」的懷柔政策；復謂滿洲統治者存有種族之見，而行壓制之法，尤以文網屢興為代表。[110]值得注意的是，清初以來國家對坊間流傳書籍頒布的各種禁令，固然愈來愈繁密，惟其基本規範係延續明朝而來；[111]最

風俗事，直隸總督琦善（kišan，1786-1854）即奏稱：「惟有通飭各屬，以後仍尊定例，每逢朔、望，宣講《聖諭廣訓》，並實力編查保甲，均不准其虛應故事，務令家喻戶曉，相與勉為善良，以仰副皇上誥誡諄諄，化民成俗之至意」；同治年間（1862-1874），福建道監察御史劉國光（1832-?）奏請：「（《聖諭廣訓》）近年以來，義學、鄉塾誦者寥寥，相應請旨，飭下各省督撫、學政，重新頒發各州縣，廣為刊刻，遍頒義學、鄉塾，咸奉為幼學之津梁。……由是人心以正，風俗以厚，可以仰副朝廷尊崇正學、一道同風之至意矣」。分見中國第一歷史檔案館編，《嘉慶道光兩朝上諭檔》（桂林：廣西師範大學出版社，2000），第40冊，頁309，道光十五年七月十三日，內閣奉上諭；《清代宮中檔及軍機處檔摺件資料庫》（臺北：國立故宮博物院），文獻編號：405003197，〈大學士直隸總督琦善・報仍遵定例宣講《聖諭廣訓》並實力編查保甲片〉，道光十九年九月初九日；《清代宮中檔及軍機處摺件資料庫》，文獻編號：101880，〈福建監察道御史劉國光・奏請飭下各省督撫學政重行頒發各州縣《聖諭廣訓》由〉，同治朝。

[110] 參見蕭一山，《清代通史》（臺北：臺灣商務印書館，1980），上冊，頁895-896；同書，中冊，頁21-33。

[111] 例如：明萬曆十五年（1587），禮部覆南京刑科給事中徐桓奏：「國家取士，必以聖賢理奧發明為佳，近來士子忘正雅理而務剽竊，陋經傳而尚佛老，難僻子書，偶一牽合，遂稱名家，其於聖賢白文大義茫然不知。所謂淺學之士，多為時刻所惑，欲將坊間時文板刻悉行燒燬，以救時弊。又恐坊間會文切理之文，難以一概焚燬，惟嚴禁於後。除中試程墨外，其時義有子書、佛書，險僻異怪，悉令棄毀而文體正矣」；清順治九年（1652），題准：「坊間書賈，只許刊行理學政治有益文業諸書，其他瑣語淫辭，及一切濫刻窗藝社稿通行嚴禁，違者從重治罪」。分見〔明〕顧秉謙等修，《明實錄・神宗顯皇帝實錄（九）》（臺北：中央研究院歷史語言研究所，1966），卷187，頁3503，萬曆十五年六月庚午條；〔清〕素爾納等

受後世惡評的「文字獄」，「中國」歷代亦屢見不鮮，並非滿洲君主所獨創，[112]且打擊的對象也不以漢族為限。[113]是以費思堂（T. S. Fisher）提出「製造異己」模式解釋清初諸帝進行思想控制的成因，[114]便是從統治者的危機意識出發，當可用來理解清朝得以長期統治中國的原因。清初諸帝為護衛政權，不容許任何挑戰其權威的言論發生與傳播，故採取此種壓迫式的做法，正反映出他們在統治「中國」時的疑慮，但不應全然以「異族高壓統治」視之，而是借用歷來漢族政權的統治技術，仍屬「以漢治漢」的一環。雍正朝著名的文字獄「曾靜案」，皇帝自認採取「明白曉諭，逐事開導，動以天良，祛其迷惑」，亦即透過「說服」的方式，令曾靜「豁然醒悟，悔過感恩」，[115]使漢族士人願意接受清

纂修，《欽定學政全書》（收入《近代中國史料叢刊》，第30輯，第293冊，臺北：文海出版社，1968），卷7，〈書坊禁例〉，頁1a。另有關康熙至乾隆年間坊肆刻賣書籍的禁令調整，參見〔清〕素爾納等纂修，《欽定學政全書》，卷7，〈書坊禁例〉，頁1a-3a。

[112] 參見胡奇光，《中國文禍史》（上海：上海人民出版社，1993），頁1-7；葉高樹，《清朝前期的文化政策》（臺北：稻鄉出版社，2002），頁240-281。

[113] 例如：乾隆二十年（1755），乾隆皇帝為整頓朝政、伸張皇權，藉由漢族內閣學士胡中藻（?-1755）《堅磨生詩鈔》案，打擊以滿洲大學士鄂爾泰（ortai，1677-1748）為首的「滿黨」，鄂爾泰的家族成員頗受牽連。參見賴惠敏，〈論乾隆朝初期之滿黨與漢黨〉，收入中央研究院近代史研究所編，《近世家族與政治比較歷史論文集》（臺北：中央研究院近代史研究所，1992），頁737-739。

[114] 參見費思堂（T. S. Fisher），〈清代的文字迫害和「製造異己」模式〉，收入白壽彝主編，《清史國際學術討論會論文集》（瀋陽：遼寧人民出版社，1990），頁541-551。

[115] 〔清〕清世宗胤禛撰，《大義覺迷錄》（收入四庫禁燬書叢刊編委會編，《四庫禁燬書叢刊·史部》，第22冊，北京：北京出版社，1998），卷3，頁32b，「上諭」。

朝統治的合法性。[116]尤其雍正皇帝提出「不知本朝之為滿洲，猶中國之有籍貫」之說，在帝國統治下以「地域」取代「族群」，更令持「華夷中外之分」之論者難以辯駁，[117]又見靈活的一面。

四、對文治武功價值的衡量

晚明，時人記述女真習性，略為：「俗善射、馳獵，耐饑渴，忍詢好盜。其戰鬥，多步少騎，上下巖壁如飛」。[118]明萬曆三十六年（1608），禮部左侍郎楊道賓（1575-1609）進〈海（西）建（州）二酋踰期違貢疏〉，引述《遼》、《金》二史，曰：「遼人嘗言：『女直兵若滿萬，則不可敵。』」並指出「今奴酋（努爾哈齊）精兵，業已三萬有奇」，[119]頗覺憂心。朝鮮方面對來自努爾哈齊的軍事壓力感受更深，認為「十餘年來，已作難當之虜。非但境連我國，有早晚必噬之形，遼、廣各衙門，亦皆憂之」，

---

[116] 參見邵東方，〈清世宗「大義覺迷錄」重要觀念之探討〉，《漢學研究》，17:2（臺北，1999.12），頁61-89。另有學者從「文化專制」的角度，認為「曾靜案」是要對士民進行全面的思想控制，迫使他們接受清朝的統治，其後擴大株連的文字獄案相繼發生，嚴重地摧折學風和士風。參見王俊義，〈雍正對曾靜、呂留良案的「出奇料理」與呂留良研究——兼論文字獄對清代思想文化發展之影響〉，《中國社會科學院研究生學報》，2001:2（北京，2001.4），頁64-75。

[117] 中國第一歷史檔案館編，《雍正朝起居注冊》，頁3130，雍正七年九月十二日癸未。

[118] 〔明〕苕上愚公，《東夷考略》（收入于浩主編，《明清史料叢書八種》，第6冊，北京：北京圖書館出版社，2005），〈女直通考〉，頁2a。

[119] 〔明〕陳子龍等選輯，《皇明經世文編》（收入四庫禁燬書叢刊編委會編，《四庫禁燬書叢刊·集部》，第29冊，北京：北京出版社，1998），卷453，〈楊道賓·海建二酋踰期違貢疏〉，頁3b。

也盛傳「女真兵滿萬，天下不能敵」之語。[120]另據朝鮮人李民寏（1573-1649）的觀察：

> 胡性能耐飢渴，……女人之執鞭馳馬，不異於男；十餘歲兒童，亦能配弓箭馳逐。少有暇日，則至率妻妾畋獵為事，蓋其習俗然也。凡有戰鬥之行，絕無糧餉、軍器之運轉，軍卒皆能自備而行。出兵之時，無不歡躍，其妻子，亦皆喜樂，惟以多得財物為願。……有功則賞之以軍兵，有罪則或殺或囚，或奪其軍兵，或奴婢、牛馬、家財，或貫耳，或射其脅下。是以臨陣，有進無退云。[121]

舉國上下率以武事為尚，重視軍事價值。

天聰二年（1628），漢官基於「南朝雖師老財匱，然以天下之全力，畢注於一隅之間，蓋猶裕如也」的理由，提出「我國處南朝之大計，惟講和與自固二策而已」。所謂「講和」，雖然「南朝家亦知宋為覆轍，但賄賂之積習難除，日久而玩愒必生」，「待我國益富、兵益強，乘間再投，破竹長驅，傳檄天下矣」；至於「自固」，則以「修我政治，墾我疆土，息兵養民，舉賢任才，勿慕虛名，惟求實利」為要，靜候明朝自亂陣腳，「那時我

---

[120] 國史編纂委員會編，《朝鮮王朝實錄・光海君日記（鼎足山本）》（漢城：國史編纂委員會，1973），冊33，卷127，頁23a，光海君十年（1618）閏四月十六日條。

[121] 〔朝鮮〕李民寏，《紫岩集・建州聞見錄》（收入杜宏剛等編，《韓國文集中的明代史料》，第10冊，桂林：廣西師範大學出版社，2006），頁390。李民寏所言，係隨朝鮮元帥姜弘立（1560-1627）支援明朝薩爾滸戰爭被俘，留居金國期間（1619-1620）的見聞。

國以逸待勞」，[122]亦即改軍事對抗為政治競爭。這項建議促使皇
太極調整統治策略，並於次年八月宣布：

> 自古國家，文武並用，以武功戡禍亂，以文教佐太平。朕
> 今欲振興文治，於生員中，考取其文藝明通者優獎之，以
> 昭作人之典。諸貝勒府以下，及滿、漢、蒙古家，所有生
> 員，俱令考試。[123]

「自古國家」自然是指「中國」而言，皇太極「文武並用」之
論，說明他已能掌握漢文化評價政權的標準；「振興文治」之
說，既能延攬人才，亦可籠絡漢族，惟當時並無施行的條件，
只能以「考試」做點綴。另從皇太極拒絕巴克什（baksi）達海
（dahai，1595-1632）、庫爾禪（kūrcan）「改滿洲衣冠，效漢人服飾、
制度」之議，及其延伸出「若廢騎射，寬衣大袖待他人割肉而

---

[122] 中央研究院歷史語言研究所編，《明清史料》（臺北：維新書局，
1972），甲編，第1本，〈天聰二年奏本〉，頁48a-48b，天聰二年八月
日。〈奏本〉另就對蒙古、朝鮮的政策提出建議，也主張以政治為先，不
宜用兵，認為蒙古「善為之撫馭可也。然得其地不可以為耕，得其眾不能
以自食，此誠不可勞師動眾，遠事於彼方者也」；朝鮮「僻處海隅，無所
財產，如有利益我國之處，通往固宜。如其不然，置之為上」。

[123] 〔清〕鄂爾泰等修，《清實錄・太宗文皇帝實錄》，卷5，頁14a，天聰
三年八月乙亥條。〈天聰二年奏本〉有條議「舉任賢良」一項，應與
之相關，曰：「我滿朝臣宰，金、漢之中，豈無三、五忠亮之輩？即此
三、五人畀以舉錯之任，令汰其在官之奸究不良者。再令其在官之人，
立下保結，各舉其相知之有良心、才調者，或一季一考，或一歲一察。
……觀金國之所重者，惟軍功一款，而諸功不與焉。愚以為，舉賢之
功，當與軍功並重可也」。見中央研究院歷史語言研究所編，《明清史
料》，甲編，第1本，〈天聰二年奏本〉，頁49a，天聰二年八月日。

後食」的觀點，[124]並申論「射獵者，演武之法；服制者，立國之經」的道理來看，[125]可知他從未放棄滿洲的核心價值。

入關之初，國家處於武力征服狀態，仍無實現文治的可能，即便福王（朱由崧，1607-1646，1644-1645在位）、唐王（朱聿鍵，1602-1646，1645-1646在位）等抗清政權相繼覆滅，多爾袞猶強調：「我朝原以武功開國，歷年征討不臣，所至克捷，皆資騎射」，「雖天下一統，勿以太平而忘武備」。[126]迨順治十二年，在西南的桂王（朱由榔，1624-1662，1646-1662在位）政權因將領孫可望（?-1660）、李定國（?-1662）的長期內鬥而戰力耗損，在東南的鄭成功（1624-1662）勢力則屢次拒絕和議，兩者都促使朝廷加速對抗清陣營的軍事行動。[127]為穩定歸附漢族官員、士子之心，順治皇帝也適時展現「右文」的決心，一方面諭禮部曰：「朕惟帝王敷治，文教是先；臣子致君，經術為本。自明季擾亂，日尋干戈，學問之道、闕焉未講。今天下漸定，朕將興文教、崇經術，以開太平。」[128]另一方面，則效法「自古帝王，勤學圖治，必舉經筵、日講」，在確定經筵舉行時程後，復下令內三院「選滿、漢詞臣學問淹博者八員，以

---

[124] 〔清〕鄂爾泰等修，《清實錄・太宗文皇帝實錄》，卷32，頁9a，崇德元年十一月癸丑條。

[125] 〔清〕鄂爾泰等修，《清實錄・太宗文皇帝實錄》，卷34，頁27a，崇德二年四月丁卯條。

[126] 〔清〕鄂爾泰等修，《清實錄・世祖章皇帝實錄》，卷48，頁7a，順治七年三月戊寅條。

[127] 參見司徒琳（Lynn Struve）著，李榮慶等譯，《南明史，一六四四──一六六二》（上海：上海古籍出版社，1992），頁135-142、頁148-155。

[128] 〔清〕鄂爾泰等修，《清實錄・世祖章皇帝實錄》，卷90，頁16a-16b，順治十二年三月壬子條。

原銜充日講官，侍朕左右，以備諮詢」。[129]順治皇帝固然勤奮讀書，[130]亦可利用此一帝王教育活動，以符合臣下對「皇上典學圖治之盛心」的期待。[131]熱中學術的康熙皇帝更明確地表示，日講具有傳達皇帝「崇儒重道，稽古右文」的作用，[132]惟真正落實文治的政策，必須等到三藩戰爭（1673-1681）結束之後。

　　搜求典籍、編纂圖書，是漢、唐、宋、明以來漢族政權標榜文治的有效手段，也為清初諸帝仿行。[133]例如：康熙二十五年（1686），康熙皇帝諭禮部、翰林院，曰：

---

[129] 〔清〕鄂爾泰等修，《清實錄・世祖章皇帝實錄》，卷90，頁16b，順治十二年三月癸丑條。關於清朝開經筵，據《養吉齋叢錄》曰：「順治十年，以內院非經筵日講之地，命工部造文華殿，以講求古訓。此文華殿經筵之始。十四年，殿工未竣，於保和殿開講，定春、秋二仲舉行。」見〔清〕吳振棫，《養吉齋叢錄》（北京：北京古籍出版社，1983），卷5，頁52。

[130] 順治十六年（1659），釋道忞（1596-1674）奉詔入京說法，據其弟子真樸記載，「上一日同師坐次，侍臣抱書一束約十餘本，上因語師曰：『此朕讀過底書，請老和尚看看。』師細簡一遍，皆《左》、《史》、《莊》、《騷》、先秦、兩漢、唐宋八大家，以及元、明撰著，無不畢備。……上一日語師：『……年至十四，九王（多爾袞）方薨，始親政，閱諸臣章奏，茫然不解。由是發憤讀書，每晨牌至午，理軍國大事外，即讀至晚。然頑心尚在，多不能記，逮五更起讀，天宇空明，始能背誦。』……上曰：『……朕書皆誦至五十遍，……計前後諸書，讀了九年，曾經嘔血，從老和尚來後，始不苦讀，今唯廣覽而已。』」見〔清〕釋道忞，《北遊集》（收入復明法師主編，《禪門逸書・續編》，第10冊，臺北：漢聲出版社，1987），卷3，〈奏對別記上〉，頁47-48。

[131] 〔清〕鄂爾泰等修，《清實錄・世祖章皇帝實錄》，卷78，頁7a，順治十年十月丁卯條。

[132] 〔清〕馬齊等修，《清實錄・聖祖仁皇帝實錄（一）》，卷89，頁17b，康熙十九年四月丁卯條。

[133] 參見黃愛平，《四庫全書纂修研究》（北京：中國人民大學出版社，1989），頁9-12。

自古帝王致治隆文，典籍具備，猶必博採遺書，用充秘府，蓋以廣見聞而資掌故，甚盛事也。朕留心藝文，晨夕披覽，雖內府書籍，篇目粗陳，而裒集未備。……今宜廣為訪輯，凡經史子集，除尋常刻本外，其有藏書秘錄，作何給值採集，及借本抄寫事宜，爾部院會同詳議具奏。務令搜羅罔軼，以副朕稽古崇文之至意。[134]

是時，康熙皇帝已平定三藩、攻取臺灣（1683），對俄羅斯的雅克薩戰爭（1685-1686）亦勝利在望，「博採遺書，用充秘府」之舉，正可彰顯其「致治隆文」的成就。其後，雍正元年，在頒發訓諭直省總督以下等官上諭十一道中，將「搜羅名蹟藏書」列為督學的要務之一；[135]乾隆皇帝也多次下令督撫、學政購訪遺書，並揭示其「稽古右文，聿資治理，幾餘典學，日有孜孜」的態度，[136]進而促成《四庫全書》的編纂，[137]無非是要展現統治者宣揚文治的意向。

清初諸帝表現「文武並用」的另一種方式，則是在用兵之後祭告文廟、立碑太學。先是康熙三十五年（1696），康熙皇帝親

---

[134] 〔清〕馬齊等修，《清實錄・聖祖仁皇帝實錄（二）》，卷125，頁18a，康熙二十五年四月甲午條。另順治十四年（1657）曾「詔直省學臣購求遺書」，為清朝官方搜求典籍的最早記錄，然因記載過於簡略，無法得知詳情。見〔清〕鄂爾泰等修，《清實錄・世祖章皇帝實錄》，卷108，頁11b，順治十四年三月甲寅條。

[135] 〔清〕鄂爾泰等修，《清實錄・世宗憲皇帝實錄（一）》，卷3，頁9a，雍正元年正月辛巳條。

[136] 中國第一歷史檔案館編，《乾隆朝上諭檔》，第6冊，頁896，乾隆三十七年正月初四日，內閣奉上諭。

[137] 參見黃愛平，《四庫全書纂修研究》，頁16-36。

征準噶爾汗噶爾丹，於昭莫多之役告捷班師，國子監祭酒孫岳頒
（1639-1708）疏請「昭告文廟，勒石太學」，禮部議覆：「遣大臣
一員，詣文廟祭告成功。皇上一切訏謨勝算，允宜纂述大綱，勒
石國學，更將碑文轉搨頒發各省學宮」。[138]次年，噶爾丹身亡，
武功告成，禮部題請應遣官祭告天地、太廟、社稷、闕里等，並
加上徽號。康熙皇帝認為，是役幸得上天佑助，否則「糜中國之
脂膏，事朔荒之邊塞，窮兵黷武，其名恐未能免」，故裁示「其
祭告諸典禮，俱依議行，徽號不必上」，[139]即以平定朔漠，遣官
致祭。康熙三十七年（1698），皇帝頒布御製〈平定朔漠告成太學
碑〉，文中引述《禮記》、《詩經》、《周禮》之論，曰：

> ……考之《禮》（禮記），〈王制〉有曰：「天子將出征，
> 受成於學。出征，執有罪；反，釋奠於學，以訊馘告。」
> 而泮宮之詩（《詩·魯頌·泮水》），亦曰：「矯矯虎臣、在
> 泮獻馘。」又《禮》（《周禮·春官宗伯》），「王師大獻，
> 則奏凱樂」，大司樂掌其事。則是古者文事、武事為一，
> 折衝之用，具在樽俎之間。故受成獻馘，一歸於學，此文
> 武之盛制也。……[140]

---

138 〔清〕馬齊等修，《清實錄·聖祖仁皇帝實錄（二）》，卷174，頁
   15b，康熙三十五年七月己巳條。

139 〔清〕馬齊等修，《清實錄·聖祖仁皇帝實錄（二）》，卷183，頁
   22a，康熙三十六年五月癸卯條。

140 〔清〕清聖祖御製，張玉書等奉敕編，《聖祖仁皇帝御製文集·第二
   集》（收入《景印文淵閣四庫全書》，第1298冊），卷34，〈碑文·平
   定朔漠告成太學碑〉，頁3b-4a。

凸顯其「饗意於三代」之心。[141]史臣總結康熙皇帝一生功業，言文教，「古今崇文治者，斯時稱獨勝矣」；論武功，則「制勝方略，皆密承於九重，古未之有也」，[142]特別著意於塑造「文武並重」的形象。

嗣後，戰事告蕆、立碑太學之舉，遂為慣例。例如：雍正二年，平定青海，即「照平定吳（三桂，1612-1678）逆、噶爾丹之例，遣官告祭天地、宗廟、社稷」等，[143]雍正皇帝親撰〈平定青海告成太學碑文〉，曰：「稽古典禮，出征而受成於學，所以定兵謀也；獻馘而釋奠於學，所以告凱捷也。……天討既申，群醜惕息，櫜戈偃革，告成辟雍，聲教遐暨，萬國來同」。[144]乾隆十四年（1749），蕩平金川，軍機大臣等具奏，「請依雍正二年平定青海告祭典禮，遣官祭告壇廟、社稷，用薦成功」；又「聖祖仁皇帝平定沙漠，世宗憲皇帝平定青海，均御製碑文，垂示久遠，金川平定，恭請御製文，勒石太學」。[145]是以乾隆朝的幾次重大戰

141 〔清〕清聖祖御製，張玉書等奉敕編，《聖祖仁皇帝御製文集・第二集》，卷34，〈碑文・平定朔漠告成太學碑〉，頁4a。
142 〔清〕馬齊等修，《清實錄・聖祖仁皇帝實錄（三）》，卷300，頁9a，康熙六十一年十一月丁丑條。
143 〔清〕鄂爾泰等修，《清實錄・世宗憲皇帝實錄（一）》，卷17，頁14b-15a，雍正二年三月丁亥條。惟查對《聖祖實錄》，康熙皇帝平定三藩後，未見有「遣官致祭」的記載。
144 〔清〕清世宗御製，《世宗憲皇帝御製文集》，卷14，〈碑文・平定青海告成太學碑文〉，頁7b-8b。
145 〔清〕慶桂等修，《清實錄・高宗純皇帝實錄（五）》，卷335，頁3a-3b，乾隆十四年二月甲申條。碑文見〔清〕清高宗御製，于敏中等奉敕編，《御製文集・初集》（收入《景印文淵閣四庫全書》，第1301冊，臺北：臺灣商務印書館，1983），卷17，〈碑文・平定金川告成太學碑文〉，頁12b-16a。

役，包括：平準噶爾（乾隆二十年，1755）、定回部（乾隆二十四年）、再掃金川（乾隆四十年，1775）、靖台灣（乾隆五十三年，1788）等，無不撰文立碑，[146]以示「始之以武，終之以文，戡亂惟義，撫眾惟仁」。[147]

值得注意的是，乾隆皇帝在御製〈平定回部勒銘葉爾羌碑文〉曰：「爰定金川，茲定回部，亦己卯年（乾隆二十四年），歲符理紀，瑞疊祥駢，持盈保泰，惟懍慎旃」。[148]論者以為，乾隆皇帝亟思在法祖、守成的規制中力求突破，一旦在邊疆開拓上取得成就，便興起「持盈保泰」的心理，轉向「偃武修文」以維繫全盛的局面。[149]自乾隆朝中期起，皇帝積極推動文化建設固為事實，然終其世仍持續進行對外戰爭，且軍事遭逢挫折，常以

---

[146] 碑文分見〔清〕清高宗御製，于敏中等奉敕編，《御製文集・初集》，卷19，〈平定準噶爾告成太學碑文〉，頁1a-6b；同書，卷20，〈碑文・平定回部告成太學碑文〉，頁5b-11b；〔清〕清高宗御製，梁國治等奉敕編，《御製文集・二集》（收入《景印文淵閣四庫全書》，第1301冊，臺北：臺灣商務印書館，1983），卷28，〈碑文・平定兩金川告成太學碑文〉，頁1a-10a。比較特別的是，平定臺灣林爽文之役（1786-1788），在熱河文廟立碑，係因自軍事爆發以迄結束，乾隆皇帝常在避暑山莊運籌帷幄，有感於「籌於斯，發於斯，臻於斯」，加以將戰爭性質界定在邊疆開拓（準噶爾、回部、兩金川）和平定內亂（王倫[?-1774，1774起事]、蘇四十三[1729-1781，1781起事]、田五[?-1784，1784起事]）之間，故有此舉。碑文見〔清〕清高宗御製，沈初等奉敕編，《御製文集・三集》，卷11，〈碑文・平定臺灣告成熱河文廟碑文〉，頁6b-12a。

[147] 〔清〕清高宗御製，于敏中等奉敕編，《御製文集・初集》，卷20，〈碑文・平定回部告成太學碑文〉，頁11a。

[148] 〔清〕傅恆等奉敕撰，《欽定皇輿西域圖志》（收入《景印文淵閣四庫全書》，第500冊，臺北：臺灣商務印書館，1983），卷18，〈疆域・天山南路・平定回部勒銘葉爾羌碑文〉，頁6b。

[149] 參見高翔，《康雍乾三帝統治思想研究》（北京：中國人民大學出版社，1995），頁304-313。

實現「持盈保泰」自我惕勵。例如：乾隆三十二年（1767），征緬甸，參贊大臣額勒登額（?-1768）、雲南提督譚五格（?-1768）貽誤軍機，以致將軍明瑞（mingšui，?-1768）捐軀，乾隆皇帝在究責之際，即曰：「或由比年來，西域大奏膚功，國家勢當全盛，而朕持盈保泰之心，猶有操持未至。是以天心仁愛，於席豐履順時，默示以滿損之儆耶？」[150]乾隆三十八年（1773），攻小金川，定邊將軍溫福（wenfu，?-1773）因乖方僨事，在木果木軍營遇襲陣亡，不僅折將損兵，礮局亦遭劫，乾隆皇帝在檢討之餘，猶言：「自西師大功告成以來，朕亦不敢意存自滿，惟益兢兢業業，凜持盈保泰之心。返躬自問，實可以俯對天下臣民。仰邀上蒼昭鑒者。」[151]因此，所謂「持盈保泰」的具體表現，或更在於文治、武功並重。

又乾隆五十七年（1792），清軍再受廓爾喀之降，乾隆皇帝以愉悅的心情寫下「竟得十全大武揚」的詩句，並在詩旁作註，云：「自今惟願內安外靖，與天下臣民共享昇平之福，而予兢兢業業之心，歸政之前，仍不敢少有自逸耳」。[152]當接獲大將軍福康安（fuk'anggan，?-1796）奏報班師日期，又賦詩曰：「示武方能成偃武，歸文乃可示修文」，復言：「自古論事者，動以偃武修文為美談，此即文恬武嬉之漸。中國禦邊之道，使之知畏，則其知

---

[150] 中國第一歷史檔案館編，《乾隆帝起居注》（桂林：廣西師範大學出版社，2002），第27冊，頁151，乾隆三十三年四月初七日甲子。

[151] 〔清〕慶桂等修，《清實錄‧高宗純皇帝實錄（十二）》，卷938，頁41a-41b，乾隆三十八年七月丁卯條。

[152] 〔清〕清高宗御製，王杰等奉敕編，《御製詩集‧五集》（收入《景印文淵閣四庫全書》，第1311冊，臺北：臺灣商務印書館，1983），卷76，〈廓爾喀拉特納巴都爾遣使悔罪乞降因許其請命凱旋班師誌事〉，頁14b-15。

懷，更篤是示武正所以偃武」，[153]可知「文武並用」的立場未嘗稍改。乾隆皇帝旋以言猶未盡，另撰〈十全記〉警示子孫，曰：「逎知守中國者，不可徒言偃武修文，以自示弱也。彼偃武修文之不已，必致棄其固有而不能守，是亦不可不知耳」，[154]終究是強調尚武精神與軍事價值，且充滿危機意識。事實上，清朝皇帝堅信，國家的建立係植基於八旗勁旅「以弧矢威天下」；[155]即便降及清末，光緒皇帝（載湉，*dzai tiyan*，1871-1908，1875-1908在位）在上諭中仍有「我朝開國，以弧矢威天下，故向制考驗官員、訓練軍士，均用騎射，所以崇尚武功，昭示來許」之論，[156]迥異於漢族政權推崇的文治理想，只是為使為數眾多的被統治者信服，而必須假借之，用以整合滿、漢分歧的價值取向。

---

[153] 〔清〕清高宗御製，王杰等奉敕編，《御製詩集・五集》，卷76，〈福康安奏班師日期並廓爾喀致送羊酒等物犒師詩以誌事〉，頁27a-27b。

[154] 〔清〕清高宗御製，沈初等奉敕編，《御製文集・三集》，卷8，〈記・十全記〉，頁12a。

[155] 中國第一歷史檔案館編，《嘉慶道光兩朝上諭檔》，第18冊，頁336，嘉慶十八年十月初八日，奉旨。在嘉慶朝（1795-1820）之前，諸帝的論述著重在八旗為立國的「根本」，此後則強調武功開國的一面，雖然晚清八旗的戰鬥力已經迅速下降，和開國時期不可同日而語，但是諸帝仍以尚武精神激勵士民，而在殿試試題中出現「以弧矢威天下」之語。例如：道光十八年（1838）戊戌科殿試試題內有「我國家以弧矢威天下，承平日久，武備尤不可不加修也」；同治元年（1862）壬戌科殿試，亦見「我朝以弧矢威天下，八旗、綠營之兵，布列中外」。分見〔清〕文慶等修，《清實錄・宣宗成皇帝實錄（五）》（北京：中華書局，1986），卷308，頁19b，道光十八年四月壬戌條；〔清〕寶鋆等修，《清實錄・穆宗毅皇帝實錄（一）》（北京：中華書局，1986），卷27，頁4a-4b，同治元年五月壬午條。

[156] 中國第一歷史檔案館編，《光緒宣統兩朝上諭檔》（桂林：廣西師範大學出版社，1996），第31冊，頁94，光緒三十一年六月十九日，內閣奉上諭。

五、結論

　　清初諸帝統治「中國」採行的各種對策，頗受皇太極危機意識的影響。探究皇太極統治思維的內涵，固然可以歸因於個人獨到的政治眼光，另從他反覆引述金、元乃至於漢族的歷史的論證模式來看，更是以非漢民族對抗、統治漢族的經驗為鑑戒，以及漢族的價值標準為籠絡與說服，並藉以化解統治危機和達到統治目的。此一方式，為其後繼者所遵循，進而形成「法祖」的政治原則；反映在順、康、雍、乾諸帝所訂定的治漢政策，呈現出謹守祖宗家法、以史事論時政，以及利用漢族政權經驗的統治特色。

　　在旗人習染漢俗方面，皇太極於滿、漢頻繁接觸之初，便以史為鑑，而有「恐日後子孫忘舊制，廢騎射，以效漢俗」的警覺，也預為防範。入關之後，對於旗人習尚漸趨頹壞的現象，順治皇帝認為乃「習漢書」所致，康熙皇帝另指出是「居漢地」的影響，雍正皇帝則主張係雙重作用下的結果，無不飭令旗人勤習清語、騎射，作為抗拒沾染漢俗的途徑。乾隆皇帝則援引皇太極在翔鳳樓訓諭諸王、大臣故事，廣設〈訓守冠服騎射碑〉以勗勉子弟；並將淳樸和騎射、清語並舉，藉以訓示旗人切莫因居漢地而背離「本習」；復以整理開國史事和典章制度為手段，期能達到教化思想、訓育行為的目的。

　　在政治控制手段方面，面對為數眾多、自認文化先進的漢族，自皇太極時代以來，便以「滿漢一體」為號召、「以漢治

漢」為策略。入關之初，多爾袞為籠絡漢族士人之心，宣布致祭孔子、重開科舉，也開啟清朝利用儒家統治「中國」的先聲。繼之，順治皇帝將控制力延伸至與科舉關係密切的學校教育，進而揭示「重儒重道」的「教養儲材」方針。與此同時，皇帝對於未入學的漢民則施以儒家倫理教條的社會教育，其中以康熙皇帝頒佈的《聖諭十六條》，以及雍正皇帝據以演繹而成的《聖諭廣訓》，影響最為深遠。尤其雍正皇帝將《聖諭廣訓》推廣至旗人社會，更使旗、民的思想、行為模式都在皇帝控制之中。

在文治武功價值方面，滿洲舉國上下率以武事為尚，皇太極卻洞悉漢文化評價政權的標準，特加入文治成分，而標舉「文武並用」的意向。清初諸帝標榜文治的手段，一是訪求典籍、編纂群書，乃效法漢族政權點綴昇平的做法；一是戰事告蔵、立碑太學，則有仰承三代遺緒的用意。孟森總結順、康、雍、乾四朝治績，曰：「人主聰明，實在中人以上，修文偃武，制作可觀。」[157]然而，乾隆皇帝在成就十全武功、躊躇滿志之餘，猶言：「示武方能成偃武」，「不可徒言偃武修文，以自示弱也」，實則未嘗放棄尚武精神與軍事價值的民族本質，無論是「文武並用」或「偃武修文」，都是在危機意識驅策下的因應策略。

清初諸帝高居統治者的地位，卻擅長運用被統治者的經驗、價值、邏輯，展開訓勉、勸說或論辯，創造出有利於少數統治多數的環境。惟當諸帝致力防範「漢化」對本民族衝擊之際，又為達統治「中國」的目的而過度操作漢文化，不免造成本民族認知

---

[157] 參見孟森，《明清史講義》，頁560。

的混淆。降及清末,「皇帝典學,尚知國語,餘則自王公大臣以下,僉不知其為何物矣」,[158]故而皇帝在以危機意識進行統治獲得成功的同時,卻製造出潛藏的民族文化存續的危機。

---

[158] 〔民國〕劉體智,《異辭錄》(北京:中華書局,1988),卷4,〈滿漢同化〉,頁232。

徵引書目

檔案資料

馮明珠主編，《滿文原檔》，臺北：沉香亭出版社，2005年。

中央研究院歷史語言研究所編，《明清史料》，臺北：維新書局，1972年。

中國第一歷史檔案館編，《清初內國史院滿文檔案譯編・天聰朝、崇德朝》，北京：光明日報出版社，1989年。

羅振玉輯，《史料叢刊初編・天聰朝臣工奏議》，收入于浩主編，《明清史料叢書八種》，第2冊，北京：北京圖書館出版社，2005年。

中國第一歷史檔案館整理，《康熙起居注》，北京：中華書局，1984年。

〔清〕庫勒納等，《清代起居注冊・康熙朝》，臺北：聯經出版公司，2009年。

中國第一歷史檔案館編，《雍正朝起居注冊》，北京：中華書局，1993年。

國立故宮博物院編，《宮中檔雍正朝奏摺》，臺北：國立故宮博物院，1977年。

中國第一歷史檔案館譯編，《雍正朝滿文硃批奏摺全譯》，合肥：黃山書社，1998年。

中國第一歷史檔案館編，《雍正朝漢文硃批奏摺彙編》，南京：江蘇古籍出版社，1989年。

中國第一歷史檔案館編，《乾隆帝起居注》，桂林：廣西師範大學出版社，2002年。

中國第一歷史檔案館編，《乾隆朝上諭檔》，北京：檔案出版社，1991年。

中國第一歷史檔案館、中國社會科學院歷史研究所譯註，《滿文老檔》，北京：中華書局，1990年。

中國第一歷史檔案館編，《嘉慶道光兩朝上諭檔》，桂林：廣西師範大學出版社，2000年。

中國第一歷史檔案館編，《光緒宣統兩朝上諭檔》，桂林：廣西師範大學出版社，1996年。

故宮博物院文獻館編，《文獻叢編》，臺北：國風出版社，1964年。

清史稿校註編纂小組，《清史稿校註》，臺北：國史館，1986年。

《內閣大庫檔案資料庫》，臺北：中央研究院歷史語言研究所。

《清代宮中檔及軍機處檔摺件資料庫》，臺北：國立故宮博物院。

國史編纂委員會編，《朝鮮王朝實錄》，漢城：國史編纂委員會，1973年。

官書典籍

〔明〕顧秉謙等修，《明實錄·神宗顯皇帝實錄》，臺北：中央研究院歷
　　史語言研究所，1966年。

〔明〕陳子龍等選輯，《皇明經世文編》，收入四庫禁燬書叢刊編委會
　　編，《四庫禁燬書叢刊·集部》，第22-29冊，北京：北京出版社，
　　1998年。

〔明〕苕上愚公，《東夷考略》，收入于浩主編，《明清史料叢書八
　　種》，第6冊，北京：北京圖書館出版社，2005年。

〔清〕剛林等修，《大清太宗文皇帝實錄·初纂本》，臺北：國立故宮博
　　物院藏。

〔清〕釋道忞，《北遊集》，收入復明法師主編，《禪門逸書·續編》，
　　第10冊，臺北：漢聲出版社，1987年。

〔清〕伊桑阿等纂修，《大清會典·康熙朝》，收入《近代中國史料叢刊
　　三編》，第72-73輯，第711-730冊，臺北：文海出版社，1992年。

〔清〕溫達等奉敕撰，《聖祖仁皇帝親征朔漠方略》，收入《景印文淵閣
　　四庫全書》，第354-355冊，臺北：臺灣商務印書館，1983年。

〔清〕馬齊等編，《han i araha manju gisun i buleku bithe（御製清文鑑）》，
　　收入阿爾泰語研究所編纂，《阿爾泰語資料集》，第3輯，大邱：曉星
　　女子大學出版部，1978年。

〔清〕馬齊等修，《daicing gurun i šengdzu gosin hūwangdi i yargiyan kooli（大清
　　聖祖仁皇帝實錄）》，臺北：國立故宮博物院藏。

〔清〕馬齊等修，《清實錄·聖祖仁皇帝實錄》，北京：中華書局，1985年。

〔清〕清聖祖御製，張玉書等奉敕編，《聖祖仁皇帝御製文集》，收入《景印
　　文淵閣四庫全書》，第1298-1299冊，臺北：臺灣商務印書館，1983年。

〔清〕清聖祖御製，清世宗纂，《聖祖仁皇帝庭訓格言》，收入《景印文
　　淵閣四庫全書》，第717冊，臺北：臺灣商務印書館，1983年。

〔清〕清世宗胤禛撰，《大義覺迷錄》，收入四庫禁燬書叢刊編委會編，
　　《四庫禁燬書叢刊·史部》，第22冊，北京：北京出版社，1998年。

〔清〕允祿等監修，《大清會典·雍正朝》，收入《近代中國史料叢刊三
　　編》，第77-79輯，第761-790冊，臺北：文海出版社，1994

〔清〕允祿等奉敕編，《世宗憲皇帝上諭八旗》，收入《景印文淵閣四庫全書》，第413冊，臺北：臺灣商務印書館，1983年。

〔清〕允祿等奉敕編，《世宗憲皇帝上諭旗務議覆》，收入《景印文淵閣四庫全書》，第413冊，臺北：臺灣商務印書館，1983年。

〔清〕允祿等奉敕編，《世宗憲皇帝諭行旗務奏議》，收入《景印文淵閣四庫全書》，第413冊，臺北：臺灣商務印書館，1983年。

〔清〕清世宗御製，《世宗憲皇帝御製文集》，收入《景印文淵閣四庫全書》，第1300冊，臺北：臺灣商務印書館，1983年。

〔清〕鄂爾泰等修，《清實錄·太祖高皇帝實錄》，北京：中華書局，1986年。

〔清〕鄂爾泰等修，《清實錄·太宗文皇帝實錄》，北京：中華書局，1985年。

〔清〕鄂爾泰等修，《*daicing gurun i šidzu eldembuhe hūwangdi i yargiyan kooli*（大清世祖章皇帝實錄）》，臺北：國立故宮博物院藏。

〔清〕鄂爾泰等修，《清實錄·世祖章皇帝實錄》，北京：中華書局，1985年。

〔清〕鄂爾泰等修，《清實錄·世宗憲皇帝實錄》，北京：中華書局，1985年。

〔清〕清世祖敕編，清聖祖續編，《太宗文皇帝聖訓》，收入《景印文淵閣四庫全書》，第411冊，臺北：臺灣商務印書館，1983年。

〔清〕鄂爾泰等修，《八旗通志·初集》，吉林：東北師範大學出版社，1986年。

〔清〕傅恆等奉敕撰，《欽定皇輿西域圖志》，收入《景印文淵閣四庫全書》，第500冊，臺北：臺灣商務印書館，1983年。

〔清〕傅恆等奉敕撰，《御製增訂清文鑑》，收入《景印文淵閣四庫全書》，第232-233冊，臺北：臺灣商務印書館，1983年。

〔清〕素爾納等纂修，《欽定學政全書》，收入《近代中國史料叢刊》，第30輯，第293冊，臺北：文海出版社，1968年。

〔清〕清高宗敕纂，《國朝宮史》，收入《景印文淵閣四庫全書》，第657冊，臺北：臺灣商務印書館，1983年。

〔清〕阿桂等奉敕撰，《欽定滿洲源流考》，收入《景印文淵閣四庫全書》，第499冊，臺北：臺灣商務印書館，1983年。

〔清〕清高宗御製，于敏中等奉敕編，《御製文集·初集》，收入《景印文淵閣四庫全書》，第1301冊，臺北：臺灣商務印書館，1983年。

〔清〕清高宗御製，梁國治等奉敕編，《御製文集・二集》，收入《景印文淵閣四庫全書》，第1301冊，臺北：臺灣商務印書館，1983年。

〔清〕清高宗御製，沈初等奉敕編，《御製文集・三集》，收入《景印文淵閣四庫全書》，第1301冊，臺北：臺灣商務印書館，1983年。

〔清〕清高宗御製，王杰等奉敕編，《御製詩集・五集》，收入《景印文淵閣四庫全書》，第1309-1311冊，臺北：臺灣商務印書館，1983年。

〔清〕嵇璜等奉敕撰，《皇朝文獻通考》，收入《景印文淵閣四庫全書》，第632-637冊，臺北：臺灣商務印書館，1983年。

〔清〕慶桂等修，《清實錄・高宗純皇帝實錄》，北京：中華書局，1985年。

〔清〕昭槤，《嘯亭雜錄・續錄》，北京：中華書局，1980年。

〔清〕吳振棫，《養吉齋叢錄》，北京：北京古籍出版社，1983年。

〔清〕文慶等修，《清實錄・宣宗成皇帝實錄》，北京：中華書局，1986年。

〔清〕寶鋆等修，《清實錄・穆宗毅皇帝實錄》，北京：中華書局，1986年。

〔清〕祥亨主編，志寬、培寬編，《清文總彙》，據清光緒二十三年（1897）荊州駐防繙譯總學藏板，臺北：中國邊疆歷史語文學會。

〔民國〕劉體智，《異辭錄》，北京：中華書局，1988年。

〔朝鮮〕李民寏，《紫岩集・建州聞見錄》，收入杜宏剛等編，《韓國文集中的明代史料》，第10冊，桂林：廣西師範大學出版社，2006年。

專書論著

司徒琳（Lynn Struve）著，李榮慶等譯，《南明史，一六四四——六六二》，上海：上海古籍出版社，1992年。

朱岑樓主編，彭懷真等譯，《社會學辭典》，臺北：五南圖書出版公司，1991年。

周遠廉，《清朝興起史》，長春：吉林文史出版社，1986年。

周遠廉，《清帝列傳・順治帝》，長春：吉林文史出版社，1993年。

周遠廉、趙世瑜，《清帝列傳・皇父攝政王多爾袞》，長春：吉林文史出版社，1993年。

胡奇光，《中國文禍史》，上海：上海人民出版社，1993年。

孟森，《明清史講義》，北京：中華書局，1981年。

高翔，《康雍乾三帝統治思想研究》，北京：中國人民大學出版社，1995年。

陶晉生，《女真史論》，臺北：食貨月刊出版社，1981年。

喬治忠，《清朝官方史學研究》，臺北：文津出版社，1994年。

馮爾康，《雍正傳》，北京：人民出版社，1985年。

黃愛平，《四庫全書纂修研究》，北京：中國人民大學出版社，1989年。

葉高樹，《清朝前期的文化政策》，臺北：稻鄉出版社，2002年。

蕭一山，《清代通史》臺北：臺灣商務印書館，1980年。

閻崇年，《努爾哈赤傳》，北京：北京出版社，1983年。

期刊論文

王俊義，〈雍正對曾靜、呂留良案的「出奇料理」與呂留良研究——兼論文字獄對清代思想文化發展之影響〉，《中國社會科學院研究生學報》，2001年第2期，北京，2001年4月。

李弘祺，〈中國科舉考試及其近代解釋五論〉，《廈門大學學報（哲學社會科學版）》，2006年第2期，廈門，2006年3月。

孟森，〈世祖出家事考實〉，收入孟森，《清初三大疑案考實》，收入《近代中國史料叢刊》，第36輯，第352冊，臺北：文海出版社，1969年。

邵東方，〈清世宗「大義覺迷錄」重要觀念之探討〉，《漢學研究》，17卷2期，臺北，1999年12月。

長山，〈論滿語gurun〉，《滿族研究》，2011年第2期，瀋陽，2011年4月。

馬丁‧稽穆（Martin Gimm），〈滿洲文學述略〉，收入閻崇年編，《滿學研究》，第1輯，長春：吉林文史出版社，1992年。

常建華，〈國家認同：清史研究的新視角〉，《清史研究》，2010年第4期，北京，2010年12月。

莊吉發，〈清太宗漢文實錄初纂本與重修本的比較〉，收入莊吉發，《清代史料論述（一）》，臺北：文史哲出版社，1979年。

郭成康，〈清朝皇帝的中國觀〉，《清史研究》，2005年第4期，北京，2005年12月。

陳捷先，〈從清初中央建置看滿洲漢化〉，收入陳捷先，《清史論集》，臺北：東大圖書公司，1997年。

喬治忠，〈清朝「敬天法祖」的政治原則〉，收入中國社會科學院歷史研究所明清研究室編，《清史論叢‧2002年號》，北京：中國廣播電視出版社，2002年。

費思堂（T.S.Fisher），〈清代的文字迫害和「製造異己」模式〉，收入白壽彝主編，《清史國際學術討論會論文集》，瀋陽：遼寧人民出版社，1990年。

黃愛平，〈清代的帝王廟祭與國家政治文化認同〉，《清史研究》，2011
　　年第1期，北京，2011年2月。

黃興濤，〈清代滿人的「中國認同」〉，《清史研究》，2011年第1期，北
　　京，2011年2月。

楊念群，〈重估「大一統」歷史觀與清代政治史研究的突破〉，《清史研
　　究》，2010年第2期，北京，2010年5月。

葉高樹，〈習染既深，風俗難移：清初旗人「漸染漢習」之風〉，收入國
　　立臺灣師範大學歷史學系編，《近世中國的社會與文化（960-1800）論
　　文集》，臺北：國立臺灣師範大學歷史學系，2007年。

劉鳳雲，〈政治史研究的新視野：「清代政治與國家認同」國際學術會議
　　研討綜述〉，《清史研究》，2011年第2期，北京，2011年5月。

歐立德（Mark C. Elliott），〈滿文檔案與新清史〉，《故宮學術季刊》，24
　　卷2期，臺北，2006年12月。

蔡名哲，〈滿洲人的淳樸從何談起：一個研究概念的探討〉，《成大歷史
　　學報》，第49號，臺南，2015年12月。

蔡松穎，〈皇太極時期的漢官（1627-1643）〉，臺北：國立臺灣師範大學
　　歷史學系碩士論文，2011年。

鄭小悠，〈核心─邊緣：乾隆朝「出旗為民」研究〉，《文史》，2016年
　　第4輯，北京，2016年11月。

賴惠敏，〈論乾隆朝初期之滿黨與漢黨〉，收入中央研究院近代史研究所
　　編，《近世家族與政治比較歷史論文集》，臺北：中央研究院近代史
　　研究所，1992年。

韓恆煜，〈陳名夏「南黨」案述略〉，收入中國社會科學院歷史研究所清
　　史研究室編，《清史論叢·第七輯》，北京：中華書局，1986年。

Ho, Ping-ti "The Significance of the Ch'ing Period in Chinese History," *The Journal of Asian Studies*, 26:2, February 1967.

環境的認知與行為：
清代官員士紳植樹論述的分析與論評

王淑芬*

一、前言

　　人們有認知周遭環境的需求，同時也會進一步思考自己和環境的關係。如早期中國發展出「天人合一」的環境哲學；對人與大自然的關係採取和諧、順應的態度，並闡明應順時、適度的利用山川資源，以及反對捕殺幼弱的動物。[1]而西方基督教思想家則發展出人類有管理自然萬物的使命與信仰。琳懷特（Lynn White Jr.）曾批評基督教是歷史上唯人最重（the most anthropocentric）的一種宗教，賜予人類可以為了任何目的去支配、耗用自然。她呼籲西方應向中國的思想傳統取經學習。[2]如果人們的所思所想會影響生態環境的發展，那麼，人們對週遭山

---

* 國立臺北教育大學社會與區域發展學系副教授。

[1] 王爾敏，〈先秦兩漢之自然生態保育思想〉，《漢學研究》，10:2（臺北，1992.12），頁1-26；劉翠溶，〈中國歷史上關於山林川澤的觀念和制度〉，收入曹添旺編，《經濟成長、所得分配與制度演化》（臺北：中央研究院中山人文社會科學研究所，1999），頁1-42。

[2] Lynn White Jr., "The Historical Roots of Our Ecological Crisis," *Science*, 155(1967), pp.1203-1207.

林草木的詠歎、論述，則可能成為重要的文化「符碼」，可以從中解讀其環境思考的特色，乃至認知與行為之間的差異。故清代人們「植樹」的論述，可能提供了一個研究視角，讓人得以去探析當時社會的環境觀念與態度。

人類觀念是改變環境重要的力量。相對的，生態環境的變遷也會牽動、改變人類的思維與生活。前述論題乃當代環境史（environment history）研究的主要課題。[3]本文將從環境史的角度出發，探究清代人們環境的觀念與生態環境的互動關係。根據研究指出：中國歷史氣候的變遷，主要受季風的環流、熱帶風暴的侵襲、溫帶氣旋活動，以及大陸地形等因素的影響。且大致認為：以往的氣候較現在更為溫暖而潮濕。[4]開創中國歷史氣候變遷研究的竺可楨認為：15-19世紀中葉，中國進入「小冰期」（寒冷時期），[5]其間還可劃分出冷暖時段；溫暖的冬季有1550-1600年、1720-1830年；寒冷冬季則為1470-1520年、1620-1720年和1840-1890年。[6]

3　美國著名環境史家沃斯特（Donald Worster）定義環境史為「研究自然在人類生活中的角色與地位的歷史。」它包括三項內容：一是自然在歷史上如何組織與發揮作用？二是社會、經濟領域如何與自然進行相互作用？三為人類是如何透過感知、神話、法律、倫理，以及其他意義上的結構型態與自然進行對話？上參Donald Worster, "History as Natural History: An Essay on Theory and Method," *Pacific Historical Review,* 53(1984), p.16.

4　李約瑟（Joseph Needham）著，鄭子政等譯，《中國之科學與文明》（臺北：臺灣商務印書館，1985），第6冊，〈氣象學〉，頁2-6。

5　有關「小冰期」開始、結束的時間有許多不同的說法。王紹武認為是1550-1850年，也有人認為開始於1300-1310年、或1560年。結束期也有1700、1850及1900年三種看法；上參王紹武，〈近代氣候變化的研究〉，收入紀念科學家竺可楨論文集編輯小組，《紀念科學家竺可楨論文集》（北京：科學普及出版社，1982），頁64。

6　竺可楨，〈中國近五千年來氣候變遷的初步研究〉，《考古學報》，1972:1（北京，1972.12），頁15-38。也有學者針對竺氏的分期提出修正

美國學者馬立博（Robert B. Marks）利用中國文獻資料與北美樹木的年齡，藉以推估清代中國南方氣候的變遷。他指出：經歷1680-1690年初期不尋常的低溫後，18世紀中葉氣候變暖和了，19世紀前半葉溫度下降，後半期又變為暖和。[7]在旱澇災害方面，[8]任振球的研究指出：17、19世紀的中期，水旱災害比較嚴重。[9]王業鍵探究1521-1890年間華北、華東的旱澇資料後指出：暖期的旱澇災害比較少，冷期會變多。[10]由上推知，17世紀中期屬於旱澇災害頻繁期。到了18世紀，災害出現的頻率降低了。進入19世紀，旱澇災害再度變得嚴重。在森林變遷方面，何炳棣（Ping-ti Ho）、羅友枝（Evelyn S. Rawski）的研究指出：18世紀初，居高不下的人口壓力，促使人們持續入侵長江內陸的森林，不僅容易到達的坡地無一倖免，連深山老林（如四川、湖北、陝西三省

意見，詳參陳良佐，〈再探戰國到兩漢的氣候變遷〉，《中央研究院歷史語言研究所集刊》，67:2（臺北，1996.6），頁323-379；滿志敏，〈唐代氣候冷暖分期及各期氣候特徵的研究〉，收入歷史地理編輯委員會編，《歷史地理》，第8輯，（上海：上海人民出版社，1990），頁1-15。

[7] 馬立博（Robert B.Marks）著，孫慧敏譯，〈南方「向來無雪」：帝制後期中國南方的氣候與收成（1650-1850）〉，收入伊懋可（Mark Elvin）、劉翠溶編，《積漸所至：中國環境史論文集》（臺北：中央研究院經濟研究所，1995），下冊，頁582-590。

[8] 據研究，清代的自然災害，水、旱災分居第一、二位，佔總災害數88%；上參李向軍，《清代荒政研究》（北京：中國農業出版社，1995），頁15-16。

[9] 任振球研究指出：近2000多年來，出現5次低溫期，包括：12世紀上半葉、14世紀初、15世紀末、17世紀及19世紀中期。低溫的時期，水旱災害較為嚴重。上參任振球，〈中國近五千來氣候的異常期及其天文成因〉，《農業考古》，1986:1（南昌，1986.2），頁298-303。

[10] 王業鍵，〈清代中國氣候變遷、自然災害與糧價的初步考察〉，收入王業鍵，《清代經濟史論文集（二）》（臺北：稻鄉出版社，2003），頁219-229。

交界的秦嶺、大巴山區）也難逃一劫。[11]有更多的森林被開墾成農地。到20世紀初期，僅東北地區的森林（清代政府曾禁止漢人至當地移民、開墾）得以倖免於難。[12]水域也經歷重大的變化。中國的河渠向來具有運輸、灌溉的功能。然因雨量分布不平均，水利工程的建造與防護顯得更為重要。根據柏金斯（Dwight H. Perkins）的研究：18世紀，各地都在積極的進行水利活動。到19世紀，工程數量出現銳減的現象。[13]清代經濟、社會的發展與生態環境變遷存在著互動關係。而面對生態的變遷，清代人們與它進行哪些互動、對話呢？本文主要從「植樹」的角度切入，以一探究竟。

有關清代官僚士紳的環境認知與行為，奧思本（Anne Osborne）的研究指出：傳統後期的中國社會，運用了很多方法來適應集約化的壓力。同時也注意到環境保護的訴求，並企圖取得平衡。那些巧妙安排讓人印象深刻，但仍未解決當時的兩難困境—人口劇增和環境破壞。[14]鄧海倫（Helen Dunstan）則認為：清代官僚的辭彙裡，沒有與現代「環境」（environment）相對應

[11] Evelyn S. Rawski, "Agricultural Development in the Han River Highland," *Ching Shih Wen T'i* , 4(1975), pp. 63-81; Ping-ti Ho, *Studies on the Population of China ,1368-1953* (Cambridge: Harvard University Press, 1959), pp.149-152.

[12] Mark Elvin, "Three Thousand Years of Unsustainable Growth: China's Environment from Archaic Time to Present," *East Asian History*, 6(1993), p.10, p.29.

[13] Dwight H. Perkins, *Agricultural Development in China, 1368-1968* (Chicago: Aldine Publishing Company, 1969), pp.61-63.

[14] Anne Osborne, "The Local Politic of Land Reclamation in Lower Yangzi Highland," *Late Imperial China*, 15：1(1994), pp.1-45. 安・奧思本（Anne Osborne）著，孫慧敏譯，〈丘陵與低地：清代長江下游地區的經濟與生態互動〉，收入伊懋可、劉翠溶編，《積漸所至：中國環境史論文集》，上冊，頁349-386。

的字。在人和環境的互動中，他們著重的是人類事務的管理，而不是固有的環境科學。雖具有不少睿智的環境觀念，但傾向於零碎，從未整體、全面的加以表達。[15]伊懋可（Mark Elvin）於《象之隱退：中國環境史》的書中指出：中國人認識環境是一回事，改變環境則是另一回事。從歷史上看，他們已大量的破壞環境，對待環境的行為與理念是相互矛盾的。文學藝術中所反映的環境認識，只是知識份子的感受。他們藉由謳歌大自然，來反抗人類對它的虐待與剝削，以及哀嘆逝去的往昔等。但這些感知無法轉化為保護環境的行動。[16]清代人們環境的認知與行為存在著差異性嗎？本文將以「植樹」的論述為主，對此再進行一番探究、詮釋。

奠基於前人的研究，本文將以「植樹」為主題，廣泛蒐求清代官員士紳相關的論述，藉以探究他們對圍繞於身旁周遭樹木的態度與看法，並進而分析、評論其環境觀念的特色與得失，期能揭示觀念與行動之間更完整的面貌。研究的範圍以17-19世紀中葉為主。西學傳入後，植樹的論述出現不少新的風貌，將另文探究之。又，涉及農業認知的種樹書、農書等，本文暫不列入討論。還有，清代統治的種族非常多元，各族植樹的觀念與行為不盡相同，[17]本文的探究以漢族為主。

---

[15] 鄧海倫（Helen Dunstan）著，楊俊峰譯，〈十八世紀中國官方對環境問題的看法與政府的角色〉，收入伊懋可、劉翠溶編，《積漸所至：中國環境史論文集》，下冊，頁879、894-895。

[16] Mark Elvin, *The Retreat of the Elephants: An Environmental History of China* (New Haven and London: Yale University Press, 2004), pp.321-324.

[17] 不同種族的山林樹木觀念自然有所不同。例如：咸豐元年（1851），湖南侗族於保山寨樹立禁林碑，公議樹木不許妄砍，違者責罰，對當地山

二、經濟實用的思維：糧食補充與木料供給

　　清代是中國歷史上人口增長最迅速的時期。據柏金斯的推估：17世紀中葉（1650）約有1-1.5億的人口；到18世紀中葉（1750）增加到2-2.5億。18世紀人口的成長最為快速，約由2億增加到4億。[18]面對日益緊張的人地關係與糧食供給，雍正皇帝採取積極的墾荒政策，頒令「凡有可墾之處，聽民相度土宜、自墾自報」，並延長徵稅的年限到「十年起科」。[19]乾隆時期，更鼓勵人民往山區、邊省與零星的地土開墾，並「免其升科」。[20]在開荒闢地政策的引導，以及玉米作物的引種下，山林資源遭到很大的破壞。而山林的枯竭也造成許多地區出現木材、燃料短缺的情形，甚至波及到偏遠地區。[21]為了解決前述的課題，清代皇帝

林的保護起著很大的作用。上參袁清林編，《中國環境保護史話》（北京：中國環境科學出版社，1990），頁267。也有研究提到：一些少數民族有樹（林）、山神崇拜的文化傳統，使當地森林受到一定程度的保護。上參廖國強、何明、袁國友，《中國少數民族生態文化研究》（昆明：雲南人民出版社，2006），頁102-117。

[18] Dwight H. Perkins, *Agricultural Development in China, 1368-1968*, pp.208-209. 何炳棣也推估：1700年前後，中國人口約1億5千萬。到1794年，增加到3億1千3百萬，增加了2倍；上參Ping-ti Ho, *Studies on the Population of China ,1368-1953*, p.275.

[19] 〔清〕鄂爾泰等修，《清實錄‧世宗憲皇帝實錄（一）》（北京：中華書局，1986），卷6，頁25b，雍正元年四月乙亥條。

[20] 〔清〕慶桂等修，《清實錄‧高宗純皇帝實錄（二）》（北京：中華書局，1986），卷123，頁22b，乾隆五年七月甲午條，曰：「向聞邊省山多田少之區，其山頭地角、閒土尚多，或宜禾稼，或宜雜植，……皆聽其閒棄，殊為可惜。用是特降諭旨，凡邊省內地零星地土，可以開墾者，嗣後悉聽該地民夷墾種，免其升科。」

[21] Mark Elvin, "Three Thousand Years of Unsustainable Growth: China's Environment

曾多次頒令廣勸人民種樹，其中以雍正、乾隆兩朝最為積極。[22]
如雍正皇帝（胤禛，1678-1735，1723-1735在位）要求官員督率人民於荒
山、隙地種植各種樹木，以供佐食、炊爨之用，說到：

> 舍旁田畔、以及荒山曠野，度量土宜，種植樹木。桑柘可
> 以飼蠶，棗栗可以佐食，柏桐可以資用。即榛楛雜木、亦
> 足以供炊爨。其令有司督率指畫，課令種植。[23]

乾隆皇帝（弘曆，1711-1799，1736-1795在位）也下令民間「隨宜廣種」，
以獲取更多的利潤，提到：

> 直隸、天津、河間各屬，土性宜棗，種植最多。深、冀亦
> 產桃梨。至於榆柳楊樹之類，河窪鹼地，各有所宜。令民
> 間於邨頭屋角，地畝四至，隨宜廣種，始足以資利益。[24]

除朝廷的頒令、關注外，社會上也出現相應的言論。以下分析之。

---

from Archaic Times to the Present," p.10,p.29. Mark Elvin, *The Retreat of the Elephants: An Environmental History of China*, pp.84-85.

[22] 據筆者查閱《實錄》、《上諭檔》、《大清會典事例》等文獻，順治、康熙、雍正、乾隆、道光皇帝皆曾下令，廣勸人民植樹以佐衣食、備材用、供河工，以及種植行道樹等，多達十數次。其中，雍正、乾隆朝就達六次之多。

[23] 〔清〕鄂爾泰等修，《清實錄‧世宗憲皇帝實錄（一）》，卷16，頁15a，雍正二年二月癸丑條。

[24] 〔清〕崑岡等，《大清會典事例》（北京：中華書局，1991），第2冊，卷168，〈戶部‧田賦〉，頁1134。

（一）植樹以備荒佐食

為了解決日益增加的人口壓力，地方官員經常基於備荒、補充糧食不足的心態，鼓勵人民廣為種樹。康熙二十六年（1687），河南省按察使俞森以當地尚未從戰爭摧殘中復原過來，而倡導人民種樹。他認為種樹有八大好處，[25]如樹木極具經濟價值，產能不輸穀類作物，且荒年之際能療荒止饑，說到：

> 一畝之地，樹穀得三石足矣。一畝之地而樹木所入不數十石乎，其利一。歲有水旱，菽麥易傷，榛柿栗棗不俱殘也。年豐販易，歲凶療饑，其利二。[26]

雍正年間，廣東巡撫楊永斌（1670-1740）也廣勸人民勤於種植，提到：「高亢之區，不宜禾稻者，則令樹藝豆麥，亦可以資食用」。[27]乾隆時期，楊景仁認為果樹具食用的價值。若能辨識其可食性並盡早倡種，便可補五穀之不足。他說：

---

[25] 俞森提出種樹有八大好處，包括：植樹的產能高於穀類作物、果實可以止飢、供應柴薪燃料、提供造屋的建材、製作棺木器具、植桑可以養蠶、樹根可保護隄防，以及塵土不飛揚。上參〔清〕俞森，〈種樹書〉，收入〔清〕賀長齡編，《皇朝經世文編》（臺北：文海出版社，1974），卷37，〈戶政・農政〉，頁11。

[26] 〔清〕俞森，〈種樹書〉，收入〔清〕賀長齡編，《皇朝經世文編》，卷37，〈戶政・農政〉，頁11。

[27] 〔清〕楊永斌，〈勸民種殖講學疏〉，收入〔清〕賀長齡編，《皇朝經世文編》，卷23，〈吏政〉，頁6。

課農之餘，並及果木，為閭閻佐食用。即以備饑荒，計至
深遠也。古來循吏究圖民事，故期米穀充盈，然亦未嘗不
加意於菜果之植焉。……世有關心民瘼，知其可食而早植
之而豫蓄之，俾得補五穀之缺，而無傷生之嗟。[28]

（二）植樹以供應木材、柴薪

山林的枯竭造成社會上出現木材、柴薪價格上漲的情形。李
伯重的研究指出：清代江南地區的薪炭、蘆葦等燃料主要靠外地
輸入，供應很不充分，出現「燃料荒」的現象。木材的供求也失
衡，輸入的規模空前擴大，且價格高昂。[29]該現象也出現在華北
一帶。雍正十二年（1734），鑲紅旗漢軍左司王士儀提到：京畿附
近柴炭的價格日趨高昂。宜勸民栽種雜樹，林產品才不致匱乏，
柴炭的價格也可維持平易。[30]乾隆二十八年（1763），山東按察使
閔鶚元（1720-1797）也說到：北地風土高燥，所栽種的槐、榆、
梨、棗等樹，往往成材較久，而無法滿足民間的需要。他建議改
植容易存活的臥柳，以「取資不竭」：

於村頭地角隴畔溝旁，就地橫栽，枝條苗發，不數月間，

---

[28] 〔清〕楊景仁，〈備雜糧〉，收入〔清〕賀長齡編，《皇朝經世文編》，
卷41，〈戶政·荒政〉，頁20。

[29] 李伯重，《發展與制約──明清江南生產力研究》（臺北：聯經出版公
司，2002），頁229-237、頁252-263。

[30] 國立故宮博物院編，《宮中檔雍正朝奏摺》（臺北：國立故宮博物院，
1977-78），第23輯，頁172，〈鑲紅旗漢軍左司關防參領王士儀·奏請飭
令直督於荒田沙土廣植樹木摺〉，雍正十二年六月初七日。

　　即見蒙茸茂密。期年以後，樵採可施，取資不竭。[31]

乾隆皇帝得知後，即傳諭各省督撫「察看地利所宜」，以廣為栽種。[32]

　　為了解決用材缺乏的問題，社會上出現人工種樹造林的方式。[33]乾隆年間，雲南、兩廣、閩浙總督等人皆建議劃定官山、荒山為山場，由人民來承墾造林。[34]如乾隆十年（1745），兩廣總督策楞（?-1756）上疏說：

　　　　龍川、海陽、饒平、揭陽、嘉應等五州縣，荒山可種樹木。請令無業貧民，各就山場遠近承墾，每人以一頃為率，照斥鹵下則例，十年後升科，准為世業。[35]

[31] 國立故宮博物院編，《宮中檔乾隆朝奏摺》（臺北：國立故宮博物院，1982-88），第18輯，頁513-514，〈山東按察使閔鶚元・奏為請廣栽臥柳以資民用摺〉，乾隆二十八年七月二十日。

[32] 〔清〕慶桂等修，《清實錄・高宗純皇帝實錄（九）》，卷691，頁22a，乾隆二十八年七月辛巳條。

[33] 據李伯重，《發展與制約——明清江南生產力研究》，頁254，指出：嘉慶年間，於潛縣以人工來培養松杉。

[34] 乾隆四年（1739），雲南總督慶復（?-1749）奏請在近井山場種樹；十年（1745），兩廣總督策楞上疏建議於廣東五個州縣的荒山種植樹木；十二年（1747），閩浙總督喀爾吉善（?-1757）等上奏：為設法培育戰船的木料，宜雇用人民承種官山。上參〔清〕慶桂等修，《清實錄・高宗純皇帝實錄（二）》，卷85，頁15a，乾隆四年正月丁丑條；〔清〕慶桂等修，《清實錄・高宗純皇帝實錄（四）》，卷251，頁14a，乾隆十年十月甲子條；〔清〕慶桂等修，《清實錄・高宗純皇帝實錄（四）》，卷295，頁16b，乾隆十二年七月甲寅條。

[35] 〔清〕慶桂等修，《清實錄・高宗純皇帝實錄（四）》，卷251，頁14a，乾隆十年十月甲子條。

二十五年（1760），更有直隸等十五省督撫上疏提及：可讓民間
承墾、認種官山，並於十年後升科。資金方面，可由地方官員
出資，或是鼓勵士紳商賈捐資栽種。待培植有成後，再依例
議敘。[36]三十七年（1772）時，朝廷正式頒令獎勵人民於官山種
樹。[37]惟之後並未見到表揚相關的事例，獎勵植樹造林的政策可
能未有效的實行。[38]

　　由於植樹的觀念與行動具有經濟性價值，是以官員士紳們大
多論述它的重要性，包括：解決民間木材、柴薪的需求，以及補
充糧食作物的不足。然除了實用性的思維，他們也從保護環境的
思維立論，為文呼籲植樹行動的重要性。

---

[36] 乾隆二十二年（1757），江南道監察御史吳鵬南上呈「請督飭司牧修舉山
林之政以裕民事」奏摺，建請獎勵地方官員、人民於官山種樹。乾隆皇
帝下令由大學士九卿議奏，並請各地督撫回報意見。二十五年（1760）
時，工部匯集各地的報告並奏言：有三省督撫聲稱，境內已無遺地可供
栽種，貴州巡撫則奏明，已試種桑麻頗有成效，計有十五省督撫請民
間於官山種樹並照則升科。詳參〔清〕慶桂等修，《清實錄・高宗純皇
帝實錄（八）》，卷619，頁11a-12a，乾隆二十五年八月戊戌條。另吳鵬
南上奏的背景及處理結果，可參相原佳之，〈清朝中期的森林政策——
以乾隆二十年代的植樹討論為中心〉，收入王利華編，《中國歷史上環
境與社會》（北京：三聯書店，2007），頁504-523。

[37] 據〔清〕崑岡等，《大清會典事例》，第1冊，卷77，〈吏部・除授・捐
栽蘆葦樹木議敘〉，頁991，載：「乾隆三十七年定，……直隸等十五省
地方官員，有能自出己資，在官山官地栽種樹木。三年後培養長成，該
督撫委員查驗數目，造冊送部。成活五千株者、紀錄一次；一萬株者、
紀錄二次；一萬五千株者、紀錄三次。二萬株者加一級，分別議敘。各
省商民，如在官山官地栽種，成活二萬株，及在己地內栽種，成活一萬
株者，給以九品頂戴榮身。如生監能於官地內栽種，成活四千株。及在
己地內栽種，成活二千株者，免其考職，給以主簿職銜。」

[38] 有關乾隆年間推廣官山種樹政策的結果與影響，可參相原佳之，〈清朝
中期的森林政策——以乾隆二十年代的植樹討論為中心〉，頁512-513。

三、環境保護的思維：護隄岸、防風沙、綠蔭化與保水土

　　馬立博探究中國嶺南地區生態環境的變遷並指出：大部分森林與動物棲息地的消失，都發生在18世紀中期，且洪水災害的數量有所增加，破壞性的程度在擴大。從環境和經濟的交互關係來看，18世紀是個轉折點。[39]趙岡也認為乾隆朝以前，生態環境惡化的進度緩慢，所造成的不利影響，往往會被其他有利的因素所抵消或沖淡。但18世紀中葉以後，環境惡化的速度加劇加速。[40]也有學者提及：因上一個世紀的人口過剩與農地過度開發，19世紀是生態環境惡化的時期。[41]何炳棣的研究也指出：19世紀初期，土壤流失已成為大量開墾山地各省（長江中游地區）的棘手難題，地力下降使許多地區飽受農業報酬率遞減之苦。同時也造成下游河川淤塞不暢，各地水患災害的頻率升高。[42]奧斯本研究長江下游地區經濟擴張與生態環境的互動也提及：並非所有集約化的土地利用都會導致環境惡化，有限度的圍田、開梯田及生產經濟作物等，也可以在不破壞生態下提高生產力。但似乎在18世

---

[39] 馬立博（Robert B. Marks）著，王玉茹、關永強譯，《虎、米、絲、泥：帝制晚期華南的環境與經濟》（南京：江蘇人民出版社，2011），頁325-328；Roberts Marks, *Tigers, Rice, Silk and Silt: Environment and Economy in Late Imperial South China* (Cambridge, U.K., New York, USA : Cambridge University Press, 1998), pp.327-330.

[40] 趙岡，〈清中期以來糧食畝產量之變動〉，《漢學研究》，10:2（臺北，1992.12），頁379。

[41] 費每爾（Eduard B. Vermeer）著，陳偉智譯，〈清代中國邊疆地區的人口與生態〉，收入伊懋可、劉翠溶編，《積漸所至：中國環境史論文集》，上冊，頁420。

[42] Ping-ti Ho, *Studies on the Population of China ,1368-1953*, pp.141-152.

紀結束前就已達到極限。[43]總而論之，從18至19世紀，氣候由溫暖轉為寒冷，生態環境則日趨惡化，經濟走向低度成長、社會衝突則逐漸的擴大、加深。[44]生活在當時的人們，對植樹抱持的觀念與行動又是如何的呢？

（一）種植柳樹、蘆葦以維護隄防、抵禦風沙

明代，潘季馴（1521-1595）採取「築隄束水，以水攻沙」的理論，來整治黃河的水患。在築隄工程中，他採取於隄岸栽植柳樹以禦風浪、捍水患，對臨水的隄防則密栽蘆葦或菱草，使隄岸不致潰決。[45]當時，栽柳護隄的技術已日益純熟。[46]到了清初，該

---

[43] 安・奧思本著，孫慧敏譯，〈丘陵與低地：清代長江下游地區的經濟與生態互動〉，頁372。

[44] 18世紀以來，生態漸趨惡化也造成社會衝突的擴大。如濮德培（Peter C. Perdue）指出：政府為了維護生態與避免水患擴大，而下令拆毀隄防並禁止湖南地區湖地的圍墾。卻因傷害賦稅與士紳的利益，而導致國家與地方利益衝突的擴大。奧斯本的研究也指出：政府以維護低地農業生產與穩定生態為由，禁止棚民在安徽、浙江的山區進行開墾。但人口壓力與商品化的發展，引來地方士紳的挑戰，因爭奪資源使衝突不斷的擴大；詳參Peter C. Perdue, "Water Control in the Dongting Lake Region during Ming and Qing Periods," *Journal of Asian Studies,* 41: 4(1982), pp.747-765; Peter C. Perdue, *Exhausting the Earth: State and Peasant in Hunan,1500-1850* (Cambridge, Mass. : Council on East Asian Studies, Harvard University, 1987), pp.197-233; Anne Osborne, *Barren Mountains, Raging Rivers: The Ecological and Social Effects of Changing Land Use on the Lower Yangzi periphery in Late Imperial China* (Columbia University Ph.D. Dissertation, 1989).

[45] 植樹固隄的觀念，《管子・度地》篇已提及，曾言：「大者為之隄，小者為之防，……歲埤增之，樹以荊棘，以固其地；雜之以柏楊，以備決水，……。」有關潘氏築隄種柳的論述，詳參〔明〕潘季馴，〈修防事宜〉，收入〔明〕陳子龍等編，《皇明經世文編》（臺北：國聯圖書出版公司，1964），第23冊，卷378，〈宸斷大工錄〉，頁492-493。

[46] 曾督理河道的劉天和（1485-1545）提出「治河六柳」法；利用種植柳樹6種不同的方法（臥柳、低柳、編柳、深柳、漫柳、高柳），以維護黃河隄

作法已普遍應用於治河的工程中。為了防洪固隄，政府制定隄岸種樹的一些規定，包括：設立河官負責栽植柳樹並訂出獎懲辦法、鼓勵人民栽種柳樹、蘆葦並給予議敘等。[47]

　　18世紀時，因整治黃河、加強長江的防洪功能，以及各地增建水利工程，使得隄防種樹的文本不斷增加。雍正元年（1723），工部左侍郎郝林（1655-1732）以臨近州縣的柴束砍伐殆盡，必需遠赴外地運送物料而煩憂。在得知江南管河各廳俱於沿河兩岸栽植柳株之後，即上疏建議河南、山東兩地，「於沿河空閒之地，亦多栽柳株。數年之間，即可成林，遇有（河患）緩急，採取甚便。」[48]乾隆四十八年（1783），河南巡撫李世傑（1716-1794）也建請趁時栽種柳株以維護隄防。他建議沿隄防每間隔五尺種柳一株，從隄防至灘頭共種三層，待柳樹成林後，可永保隄防堅固。[49]當時的長江、一些湖泊與海塘的隄岸也栽植柳樹。如湖南巡撫楊錫紱（1701-1768）督率人民於垸田隄岸上栽植柳樹，說到：「有種柳以攔風浪者，即堅厚無損，未種者即不免單薄。」[50]江

防的安全。上參〔明〕劉天和，〈治河六柳〉，收入〔明〕陳子龍等編，《皇明經世文編》，第10冊，卷157，〈劉莊襄公奏疏〉，頁791-796。

[47] 順治、康熙、雍正、乾隆等朝皆曾訂立河隄種樹的制度、法令，詳參〔清〕崑岡等，《大清會典事例》，第10冊，卷918，〈工部・河工・種植葦柳〉，頁562-566。

[48] 國立故宮博物院編，《宮中檔雍正朝奏摺》，第1輯，頁837，〈工部左侍郎郝林・奏陳防河必先備料宜令近河州縣多栽柳株以資採用〉，雍正元年十月初十日。

[49] 國立故宮博物院編，《宮中檔乾隆朝奏摺》，第55輯，頁86，〈河南巡撫李世傑・奏為乘時種柳衛堤以資鞏固緣由〉，乾隆四十八年二月初七日。

[50] 〔清〕慶桂等修，《清實錄・高宗純皇帝實錄（四）》，卷289，頁5a，乾隆十二年四月乙亥條。

蘇巡撫陳弘謀（1696-1771）也提及：松江、太倉、蘇州等濱海州縣的土塘、石塘，皆種植柳樹以捍禦風浪。[51]

　　除了防護隄岸，也有官員推廣種植臥柳，以防禦風沙。乾隆二十八年（1763），先有直隸總督方觀承（1698-1768）上奏：臥柳的用處除了供應柴薪、編製筐箕外，也具有攔沙護土的功能，當「風沙掠地，遇臥柳則悉壅其根，不復入溝，最為有益。」[52]三十年（1765）時，陝甘總督楊應琚（?-1767）也提到：當地終日塵沙飛揚。若能廣栽柳樹，就能減少飛沙壅積，興建的水利設施較能發揮其功效。[53]

（二）行道遍植柳樹以庇蔭行旅

　　18世紀，隨人口流動的加劇與商業繁盛，行道路面的平整無阻、路樹的補栽與管理，逐漸成為統治者關心的課題。[54]這也讓奏報行道樹文書的數量有所增加。雍正皇帝曾下令：京師到江南要道上種植的柳樹必須按時補種，並禁止民兵砍伐。如《清世宗實錄》，卷132載：

---

[51] 〔清〕慶桂等修，《清實錄・高宗純皇帝實錄（八）》，卷581，頁35b-36a，乾隆二十四年二月庚辰條。

[52] 國立故宮博物院編，《宮中檔乾隆朝奏摺》，第18輯，頁765，〈直隸總督方觀承・奏為遵旨察看地利所宜栽種臥柳摺〉，乾隆二十八年八月二十四日。

[53] 國立故宮博物院編，《宮中檔乾隆朝奏摺》，第24輯，頁11-12，〈陝甘總督楊應琚・奏報各屬修城從長計議及城外柳樹現已栽種成活事〉，乾隆三十年五月十八日。

[54] 雍正、乾隆皇帝皆曾諭令地方官要悉心處理道路積水、窪坎等事宜，以利行旅。詳參〔清〕崑岡等，《大清會典事例》，第10冊，卷932，〈工部・橋梁道路〉，頁701-708。

京師至江南數千餘里，行旅絡繹。朕於雍正七年，特遣大
臣官員，前往督率地方官，成梁除道，不惜帑金，功成迅
速。又令道旁種樹。……近聞官吏怠忽，……道旁所種柳
樹，殘缺未補，且有附近兵民斫伐為薪者，此皆有司漫不
經心。……其應行補種柳樹之處，按時補種。[55]

乾隆皇帝也以京師到熱河的要道有多處未種植行道樹，或是出現
空缺不全、枯乾的情形，而責令官員必須「補齊種全」。如《清
高宗實錄》，卷295載：

自京師至熱河，皆行旅轇集之所，尤當加意經理。今朕巡
幸所過，直隸地方，未種之處尚多。即有種植者，亦空缺
不全，或多枯乾。……原未實心經理，又聽往來民人毀
折，及牲畜戕損，以致如此。……傳諭那蘇圖，令其以明
年為始督率地方官留心辦理，務須補種齊全，時加培養，
毋致毀傷。……。[56]

可見，以京城為中心，通往江南、熱河的行道上已遍植柳樹，且
在朝廷的關切下，官員會不時上奏路樹管理的情形。

雍正二年（1724），直隸巡撫李維鈞（?-1727）於奏報地方事宜

---

[55] 〔清〕鄂爾泰等修，《清實錄‧世宗憲皇帝實錄（二）》，卷132，頁
11b-12a，雍正十一年六月庚午條。

[56] 〔清〕慶桂等修，《清實錄‧高宗純皇帝實錄（四）》，卷295，頁
9b-10a，乾隆十二年七月庚戌條。

時，順勢回報說：「驛路兩傍、栽種柳樹，以恤行旅。」[57]乾隆四年（1739），河南巡撫雅爾圖也奏稱：境內大道兩旁的樹木，因砍伐未補而短缺，將飭令所屬「如式賠栽」。[58]三十年（1765），安徽布政使程燾也說到：直隸、山東、陝西、河南等省行道的兩旁皆種植柳樹。路樹的綠蔭可供行人休憩，枯枝敗葉供柴薪之用，「裨益於民者良多」，將廣勸人民種植柳樹以美化環境、維護路面。[59]

除各省要道、驛道外，京城內外的御道也遍植柳樹。雍正時期，西直門、德勝門至暢春園，沿路皆種植柳樹，共「栽柳九千二百九十七株」，「德勝門至孃孃廟，栽柳三千二百三十四株」。圓明園石路的兩旁也同樣栽植柳樹。西直門外連接大興縣、宛平縣的要道上也種植柳樹，並責成專人看管與負責補栽。乾隆年間，京城外新開的道路（如德勝門外新開土道）也責令栽植柳株，並由順天府派專人管理。[60]

根據記載：周代已建立種植行道樹的傳統。樹種方面，各朝代有所不同。明清兩代以栽植柳樹為主。[61]柳樹具有容易存活、

---

[57] 〔清〕鄂爾泰等修，《清實錄‧世宗憲皇帝實錄（一）》，卷17，頁25a，雍正二年三月丁酉條。又，雍正五年（1727），署直隸總督宜兆熊（?-1731）等人也上奏：各州縣官員業已勸民於大路兩旁栽種柳株或是補植，共「栽插柳樹二百萬餘株」。上參國立故宮博物院編，《宮中檔雍正朝奏摺》，第8輯，頁283，〈署直隸總督宜兆熊‧禮部右侍郎劉師恕‧奏報直屬大路兩旁栽種柳株並村莊築立圍牆事〉，雍正五年六月初二日。

[58] 〔清〕慶桂等修，《清實錄‧高宗純皇帝實錄（二）》，卷107，頁2a，乾隆四年十二月戊子條。

[59] 國立故宮博物院編，《宮中檔乾隆朝奏摺》，第24輯，頁556-557，〈安徽布政使程燾‧奏明安省大路各處請一體種植樹木〉，乾隆三十年四月初十日。

[60] 〔清〕崑岡等，《大清會典事例》，第10冊，卷933，〈工部‧御道種樹〉，頁717-719。

[61] 據研究指出：秦代的行道樹以青松為主，漢代則是種植槐樹。之後，槐樹

生長迅速的特性。其木料可製成欄杆、車輪及供柴薪之用，[62]同時也是治河工程中不可或缺的物料。可見，在當時人們的心中，柳樹具有實用性的價值，也具有美化環境、供行旅休息及維護路面的功能。

（三）植樹成林以涵養水源、維護地力及保持水土

清代人們沿承前代的知識，[63]加上長期的觀察、體驗，大抵了解到山林具有涵養水源、保持水土及維持地力的功能，同時對開山伐林所帶來的弊害也知之甚詳。這樣的論述散見於18世紀以來所出版的方志、[64]文集與奏摺等史料。[65]如魯仕驥（1732-1794）

成為行道樹代表的時間很長，一直維持到唐代。進入宋代，改種柳樹的現象日益明顯。至明清兩代，以栽植柳樹為主。上參游脩齡，〈槐柳與古代的行道樹〉，《中國農史》，1996:4（南京，1996.11），頁436-442。

[62] 〔北魏〕賈思勰著，繆啟愉校釋，《齊民要術校釋》（臺北：明文書局，1986），卷50，〈種柳、楊柳〉，頁252-253。

[63] 南宋時期，人們已認識到樹木具有抑制湍流、固結沙土的作用，如魏峴在《四明它山水利備覽》中指出：當四明山巨木森然，植被保持完好，它山的灌渠向來不存在泥沙沖刷的現象。惟近年來，人們大肆砍伐山林。大水來時，既無林木制止奔湍的激流，又無樹根足以攔沙固土，致使浮沙隨流而下，不僅淤塞溪流，也造成「舟楫不通，田疇失溉」的弊害。上參〔南宋〕魏峴，《四明它山水利備覽》，收入《叢書集成新編》（臺北：新文豐出版公司，1984），第91冊，卷上〈淘沙〉，頁5。另參費每爾著，陳偉智譯，〈清代中國邊疆地區的人口與生態〉，頁421-422。

[64] 趙岡曾舉出不少地方志記載毀林墾荒所帶來的弊害。王社教探究清代陝甘地區的地方志也提到，有4部方志提及水土流失的問題；詳參趙岡，〈清中期以來糧食畝產量之變動〉，頁388-389；王社教，〈清代西北地區地方官員的環境意識——對清代陝甘兩省地方志的考察〉，《中國歷史地理論叢》2004:1（西安，2004.2），頁140-141。

[65] 論及山林的功能及水土流失弊害的文集、奏摺部分，可參王淑芬，〈清代治山防洪環保策略之探討：以長江流域為中心〉，《國立臺北教育大學學報》，19:1（臺北，2006.6），頁60-65。

於〈備荒管見〉提及：種樹成林具有蓄水攔水、固結沙土的作用，還能維持土地的肥沃度。曾說：

> 況夫山無林木，濯濯成童山，則山中之泉脈不旺，而雨潦時降，泥沙石塊與之俱下，則田益磽矣！必也，使民樵採以時，而廣畜巨木，鬱為茂林，則上承雨露，下滋泉脈，雨潦時降，甘泉奔注，而田以肥美矣。[66]

他還基於長期的觀點提及：備荒應以農事為先，而培護山林是其要項。[67]

道光年間，梅曾亮（1786-1856）透過下鄉探詢民隱，進而了解樹林具有抑流固沙的作用，枯枝落葉層也具有涵蓄水源的功能。如〈記棚民事〉載：

> 未開之山，土堅石固，草樹茂密，腐葉積數年，可兩三寸。每天雨，從樹到葉，從葉到土石，歷石罅滴瀝成泉。其下水也緩，又水下而土不隨其下，水緩，故低田受之不為災，而半月不雨，高田猶受其浸溉。今以斧斤童其山，而以鋤犁疏其土，一雨未畢，沙石隨下，奔流注壑，澗中皆填污，不可貯水，至窪田中乃止。及窪田竭，而山田之

---

[66] 〔清〕魯仕驥，〈備荒管見〉，收入〔清〕賀長齡編，《皇朝經世編》，卷41，〈戶政‧荒政一〉，頁2。
[67] 〔清〕魯仕驥，〈備荒管見〉，收入〔清〕賀長齡編，《皇朝經世編》，卷41，〈戶政‧荒政一〉，頁2。。

水無繼者。[68]

　　當時的人們深知種樹成林具有保護環境的作用，但若與經濟利益相衝突時，要如何回應與抉擇呢？首先，多數人們選擇陳述事實（如開山伐林會帶來的弊害與影響），而不提出解決的方案。[69]也有人認為發展經濟的同時，也要兼顧維護環境的作用，而主張應有限度的砍伐山林。牛運震（1706-1758）於擔任知縣時發現到，若是昌靈山的「林木益密，則積雪愈深」，一到春天，大量消融的雪水會滲入表土層，「不惟資以潤澤土膏，亦可以濟民開挹取之用」。故主張永遠封禁該山，「未便輕易開採」。對於河渠發達、灌溉水源取用無虞的地區，則主張封禁其部分山林，「以為儲蓄水利之計」。至於，與維持水利無關的山林，則聽民採伐。[70]乾隆二十八年（1763），河南巡撫阿思哈（1707-1776）也上奏說：為了蔭雪灌田，宜保護甘州、涼州兩地的山林。[71]陝甘總督楊應琚經調查後也同意他的看法，並做出禁伐部分山林的決

---

[68] 〔清〕梅曾亮，《柏梘山房文集》（臺北：華文書局，1968），卷10，〈記棚民事〉，頁5。

[69] 王社教指出：19世紀，地方官員對秦嶺山區的水土流失及其成因的認識很深刻，不過，並未提出解決問題的辦法。筆者探究湖廣西部山區的方志也發現，多數的文本只陳述水土流失的現象，但不提出解決的方法。上參王社教，〈清代西北地區地方官員的環境意識——對清代陝甘兩省地方志的考察〉，頁140-142、頁144；王淑芬，〈經濟與生態：清代湖廣西部山區的開發和自然環境的惡化〉，《國立臺北師院學報》，11（臺北，1998.6），頁239。

[70] 〔清〕牛運震，〈查覆封閉山林事宜狀〉，收入〔清〕賀長齡編，《皇朝經世文編》，卷38，〈戶政‧農政下〉，頁10-11。

[71] 詳參中國第一歷史檔案館編，《乾隆朝上諭檔》（北京：檔案出版社，1991），第4冊，頁342，乾隆二十八年十月十三日，內閣奉上諭。

定。[72]但19世紀以後，隨環境惡化風險的增加（如水旱災害頻率升高、地力下降等），有些人轉而採取較強硬的態度（特別是安徽、浙江的人們），如阮元（1764-1849）、[73]傅棠（?-1819）、[74]蔡賡颺（1796-?）、[75]王鳳生（1776-1834）、[76]汪元方（?-1867）等人，[77]他們主張宜嚴禁棚民再行墾山伐樹、禁種具有鬆土作用的玉米，以及責令改種多年生的樹木或其他作物。朝廷基於維護農業利益與

[72] 楊應琚於奏摺中主張，屬於灌溉農田的水源重地，一律禁止伐林，而供應木植的山地，則限期砍伐；詳參國立故宮博物院編，《宮中檔乾隆朝奏摺》，第22輯，頁740，〈陝甘總督楊應琚‧奏為遵旨酌議稽查甘涼一帶山木以利農田摺〉，乾隆二十九年六月十一日。

[73] 嘉慶6年（1801），浙江巡撫阮元以棚民開墾山區，不僅妨礙治安，使地方爭訟事件增加，也破壞環境，使水旱災增加。他發布告示，禁止棚民栽種玉米，並責令改種靛青、甘藷、茶葉等作物。詳參〔清〕張鑑，《阮元年譜》（北京：中華書局，1995），卷2，嘉慶六年至十二年九月，頁47。

[74] 嘉慶19年（1814），御史傅棠認為棚民開墾山區造成土石鬆浮、水道淤塞、傷害農業等，建請嚴禁開山。詳參國立故宮博物院編，《宮中檔嘉慶朝奏摺》（複製本，臺北：國立故宮博物院，1993），第31輯，頁196，〈浙江巡撫顏檢‧奏為遵旨稽查種山棚民酌議章程仰祈聖鑒事〉，嘉慶二十年三月二十三日，引御史傅棠奏摺。

[75] 道光14年（1834），山西道監察御史蔡賡颺上疏建議嚴禁棚民墾山，並倡導改種竹樹。詳參《軍機處檔摺件》，文獻編號：066866號（臺北：國立故宮博物院藏），〈山西道監察御史蔡賡颺‧奏請飭禁杭湖兩府棚民墾種山場湖田〉，道光十四年二月初一日。

[76] 19世紀初，王鳳生總結浙西水道的利弊時，曾建議於山區栽種樹木來取代玉米。詳參〔清〕王鳳生，《浙西水利備考》（臺北：文海出版社，1985），〈杭州府水道圖說〉，頁11；同書，〈餘杭縣水道圖說〉，頁29。

[77] 道光30年（1850），江西道監察御史汪元方上疏主張，棚民招租年限已滿，就不准再行開山，以徹底達成禁墾山林之目的。詳參〔清〕汪元方，〈請禁棚民開山阻水以杜復患疏〉，收入〔清〕王延熙、王樹敏編，《皇清道咸同光四朝奏議》（臺北：文海出版社，1969），卷29，〈戶政‧屯墾〉，頁3。

社會治安的考量，曾幾度頒令禁止山地的墾伐。[78]他們的目標正確，付出的努力也值得讚許，但在未解決經濟難題與做全盤性的考量之下，包括：未提供禁種玉米的替代方案、沒有提供誘因以引導人們種植多年生的樹木，以及未安排棚民日後的生計等。[79]最終，仍阻止不了人們砍樹毀林的步伐。據學者推估：18-20世紀初期，中國森林的覆蓋率持續的下降。[80]

在生態環境、經濟、社會變遷的互動關係中，官員士紳已認知到植樹具有經濟實用、環境保護的作用與價值，並曾多方闡釋、散播其意義。當維持經濟利益與保護生態環境相衝突時，多數人採取消極因應的態度，只陳述弊害而不提解決方案。有些人嘗試兼顧兩端，主張禁伐部份的山林，或是栽種多年生的樹木與作物。顯然，當時人們具有高明的環境認知，但卻採取不同的態度與行動。看來，人們的環境認知與行動之間，確實存在著差異與不一致性。

---

[78] 據筆者統計，嘉慶、道光、咸豐年間，曾五度頒令禁止棚民再行墾山。詳參王淑芬，〈清代治山防洪環保策略之探討：以長江流域為中心〉，頁68-69。

[79] 安‧奧思本著，孫慧敏譯，〈丘陵與低地：清代長江下游地區的經濟與生態互動〉，頁377-378。

[80] 凌大燮指出，1700-1937年，中國森林覆蓋率由26%下降到18%；樊寶敏、董源近來的研究則提到，清代森林的覆蓋率由21%下降到15%。詳參凌大燮，〈我國森林資源的變遷〉，《中國農史》，1983:2（南京，1983.7），頁28、頁33-34；樊寶敏、董源，〈中國歷代森林覆蓋率的探討〉，《北京林業大學學報》，2001:4（北京，2001.7），頁63-64。

四、環境認知與行為論評

　　J.Baird Callicott、Roger T.Ames兩人提及：亞洲人民擁有比較
符合現代生態環境的思想傳統，如順應大自然、強調人與其他生
命之間的延續性（continuity）等。但在實際的環境實踐中，環境
惡化是不爭的事實。若將他們施予環境的惡行劣跡，完全歸咎於
西方帝國主義知性上殖民的影響，實有失公允。實際的例證指
出，早在西方文明進入以前，中國已大規模的毀壞環境。且無論
是東、西方，人類自古以來都出現過濫用、破壞環境的行跡。兩
人認為人類是文化的動物，內在的動物性本能會驅使人們利用物
質文化，以最短途徑達到口腹之慾的立即滿足。但文化觀念、理
想也會擴展人們對生活環境的理解，乃至重新定義對世界的感知
與評價。換言之，世界觀可能會鼓勵人們對環境進行剝削，但也
可能阻止這類的行為。人們可以知道善為何物，但卻不會總是言
行一致。[81]本文研究也發現，清代人們的環境認知與行為實踐之
間並未一致、存在著差異性。以下評述之。

（一）強調廣泛種植，卻不辨土質地力與樹種習性

　　18世紀，面對日益緊張的人地關係，雍正皇帝採取大規模的

---

[81] Callicott, J. Baird & Ames, Roger T. "Epilogue: On the Relation of Idea and Action,"
in J. Baird Callicott & Roger T. Ames (eds.), *Nature: In Asian Traditions of Thought:
Essays in Environmental Philosophy* (Albany: State University of New York Press, 1989),
pp.279-289.; J. Baird Callicott、Roger T. Ames著，曾雁鳴譯，〈觀念與行動
之間〉，《當代》，105（臺北，1995.1），頁54-64。

土地開墾政策，以解決糧食供應的問題，被喻為是個「生產論者」（productionist）。乾隆皇帝則採取自由放任的政策，頒布「邊省內地、零星地土」永不課稅的法令，使過去未經開墾的土地，均被納入農業生產的範圍，特別是山地的開墾。[82]論者大多認為：該法令助長人們濫行墾闢的風氣，也帶來生態日益惡化的後果。[83]然廣為開墾、鼓勵種植的風氣，除歸諸於政策、法令等外緣因素外，儒家的內在理念其實也是推手之一。官員士紳在倡導植樹時，常會論及「地道敏樹」的概念。該語句源自《中庸》，意指利用土地的法則在於多多種樹。[84]對於無法種植五穀的瘠土沙地、荒山地角等，從政者也要鼓勵人民勤於樹藝。如雍正年間，學政通政使司錢陳群（1686-1774）提到：「不知地道敏樹，即至瘠之地，非斥鹵不毛者，皆可種藝。」[85]嘉慶時期，黃德濂也曾云：「如謂土不宜木，何以古寺村旁，亦閒有成林之處。總之，地道敏樹，斷無十而不活七八之理」。[86]在內、外兩股力量的助長下，他們總是不憚煩的倡導種植，且不挑剔土

---

[82] 馬立博著，王玉茹、關永強譯，《虎、米、絲、泥：帝制晚期華南的環境與經濟》，頁305、頁334；Roberts Marks, *Tigers, rice, silk and silt: Environment and Economy in Late Imperial South China*, p.308, p.335.

[83] 趙岡認為：乾隆時期頒布新闢地土免升科的法令，以及玉米作物的引進，使大量無地的農民流入山地開墾，森林的覆蓋率因而大為下降，造成生態惡化的災難性後果；詳參趙岡，〈清代的墾殖政策與棚民運動〉，《中國歷史地理論叢》，1995:3（西安，1995.8月），頁28-46。

[84] 「地道敏樹」出自《中庸》，第20章。本文引阮元，《十三經注疏》的註解，「地道敏樹」指「樹殖草木也。」

[85] 國立故宮博物院編，《宮中檔雍正朝奏摺》，第27輯，頁761，〈學政通政使司錢陳群‧奏請將天下郡邑隙地悉皆種植以厚民生摺〉，無年月。

[86] 〔清〕黃德濂，〈勸種樹株檄〉，收入〔清〕盛康編，《皇朝經世文續編》（臺北：文海出版社，1972），卷42，〈戶政‧農政下〉，頁21。

壤的地質與肥沃度，無論是「浮囊淺沙之區」、[87]「峰嶺湖澤之際」、[88]「宅邊隴畔」、「通衢官路」、[89]「路傍地隙」等，[90]務使「尺田寸土，皆無閒曠」。[91]但不了解地方的風土，不顧及土質、地力的因素，會讓種植的利益受到限制，而鼓勵墾盡山峰湖泊，則容易破壞生態環境。

絕大多數種樹的文本不提土質、地力的知識，也不論及樹種的習性，大多推薦栽種桑、棉、榆、柳、槐、楊、棗、栗等樹，其中以桑、棉樹占大多數。這類的論述大抵見於經世文編、食貨志等史書。然中國南北兩地的地土條件不盡相同，所倡種的樹種未必可栽植於各地。且文本往往只提樹種的名稱，並未進一步論及樹種、土壤特性與氣候之間的關係，也絕少論及考察、實驗的過程。故推測有些倡種的行動可能是理想性的建構，未必有效的實行。

---

87 〔清〕鄂爾泰等修，《清實錄・世宗憲皇帝實錄（二）》，卷144，頁13b，雍正十二年六月壬申條。內閣學士凌如煥（1681-1749）言：「有浮囊淺沙之區，或不宜黍稻，尚可耕種雜糧，廣植樹木，固不宜任其荒蕪、以棄地利。」

88 〔清〕慶桂等修，《清實錄・高宗純皇帝實錄（三）》，卷167，頁11a，乾隆七年五月庚辰條。湖南巡撫許容奏請，除種稻、雜糧之土地外，「其餘峰嶺湖澤之際，不成坵段者，聽民栽樹種蔬，並免升科」。

89 〔清〕慶桂等修，《清實錄・高宗純皇帝實錄（二）》，卷126，頁12b，乾隆五年九月丙子條。給事中朱鳳英上奏：勸民「就地勢之高下，廣為種植，宅邊隴畔，遍栽蔬果。通衢官路，多植槐柳。務使尺田寸土，皆無閒曠」。

90 〔清〕慶桂等修，《清實錄・高宗純皇帝實錄（四）》，卷285，頁20b，乾隆十二年二月庚寅條。安徽巡撫潘思榘（1695-1752）提到：勸導農民「於路傍地隙，廣植榆、柳、果樹。再蘆粟一種，宜於山地，不擇肥瘠」。

91 〔清〕慶桂等修，《清實錄・高宗純皇帝實錄（二）》，卷126，頁12b，乾隆五年九月丙子條。

清代的官員士紳大多不熟悉農學知識，也未具備實際的農業經驗，故所倡種的樹種、提及的獲利、成效，有的可能未必具有實效。游修齡指出：清代農學理論的成就主要經由長期的觀察，並利用抽象哲理（陰陽五行觀）來概括解釋與指導生產。而西方則是通過科學實驗、觀察、解剖的過程，以進一步了解植物生長發育的本質等。[92]換言之，受限於農學的知識、理論，即使他們盡力的倡導種樹並努力實踐，但採用陰陽五行的學理來加以指導，恐也無法擺脫有限成長的結果。故不宜高估倡種的重要性與影響力。

（二）高倡植樹以達家給自足之目的卻流於理想性的建構

倡導種樹的文本總是不忘強調其經濟的效用，包括：養蠶、織布、食用、造屋、器用、供應薪柴等。所生產的產物有各種的蔬菜、水果、糧食作物及木材等，大抵展現出農林一體思想的特色。這也讓推廣農桑、倡導種樹的論述變得難以劃分。

美國學者曼素恩（Susan Mann）認為，清代經世文章的作者在討論農業政策時，大多提倡家給自足的理想；也就是每個農家都能生產自己所需的衣食產品，「男耕女織」被視為是理想性別分工的方式。透過「廣行蠶桑」與「紡織之利」，能使家家戶戶自給自足，而不致造成農民大量逃離土地，乃至依賴商業維生的景象。[93]一些種樹的文本也浮現這樣的思維。如楊永斌認為，人民務本立

---

[92] 游修齡，〈清代農學的成就和問題〉，收入游修齡，《農史研究文集》（北京：中國農業出版社，1999），頁232-234。

[93] 曼素恩（Susan Mann）著，楊雅婷譯，《蘭閨寶錄：晚明至盛清時的中國婦女》（臺北：左岸文化，2005），頁295-306。

農與栽種木植，就可以收地利、謀衣食，不致「坐待饑寒迫身，流入匪類」。[94]陳弘謀於任職陝西的期間，也倡導人民廣為種植各類的蔬菜、藥材等，以達成自給自足之目的，說到：

> 藥材、竹、木耳、香蕈、核桃、栗子、……之類，自亦不少，但可食用，即可賣錢。小民生長山中，田地窄狹，衣食艱難，即此便是恆產。[95]

俞森更指出，若種樹成功，「三年之後，人不告荒，十年之後，戶皆甯處」，[96]黃德濂也認為「月計雖云不足，歲計自可有餘」。[97]不只官員士紳，統治者也大力倡導並建構這樣的藍圖，如乾隆皇帝說到：

> 朕御極以來，軫念民依，於勸農教稼之外，更令地方有司，化導民人，自勤樹植，以收地力，以益民生。……督撫大臣，董率州縣官，……勤勤懇懇，勸勉化導，俾百姓各盡力於南畝，野無曠土，戶無遊民。縱不能如古人之耕九餘三，即有成效。然亦必令有所儲蓄，以備不虞。不為

---

[94] 〔清〕楊永斌，〈勸民種殖講學疏〉，收入〔清〕賀長齡編，《皇朝經世文編》，卷23，〈吏政〉，頁6。
[95] 〔清〕陳弘謀，〈巡歷鄉村興除事宜檄〉，收入〔清〕賀長齡編，《皇朝經世文編》，卷28，〈戶政〉，頁5。
[96] 〔清〕俞森，〈種樹書〉，收入〔清〕賀長齡編，《皇朝經世文編》，卷37，〈戶政·農政〉，頁11。
[97] 〔清〕黃德濂，〈勸種樹林檄〉，收入〔清〕盛康編，《皇朝經世文續編》，卷42，〈戶政·農政下〉，頁21。

旦夕餬口之謀，而置仰事俯育於膜外，則克盡牧民之本圖
矣。[98]

那麼，這幅理想圖像的達成度為何呢？曼素恩不避諱的指出：絲
織品因獲利高，而受到經世學者的推崇。但女性大多從事養蠶、
抽絲的工作，雖投入密集的勞力，所得卻極其微薄！他們忽視或
未察覺該事實，仍持續誇稱女性紡織工作的神聖性與重要性。[99]
同樣的，種樹的文本鼓勵人民不擇地力而種、不擇樹種而植，加
上不顧及生長條件、氣候等因素，卻誇稱可達成「歲計有餘」、
「戶皆寧處」的好處，似乎難脫「徒託空言」的嫌疑。其次，在
平原幾已墾盡、只能往山區、邊地前進的情形下，持續的鼓吹、
倡導種植，恐怕也有高呼口號的意味。而能否達成家戶自給的理
想？當然令人疑惑，也覺得不切實際。

（三）鼓吹廣為植樹卻言過其實、虛應故事

清代皇帝曾多次頒令廣勸人民種樹。在統治者關切下，官
員有可能為了迎合上意，而浮報種樹的行動與成效。乾隆初年，
河南巡撫尹會一（1691-1748）於〈敬陳農桑四務疏〉中提及：他將
廣勸人民於村尾溝頭、籬邊屋角等空地植樹，並督促女性勤事
紡織，以達成民富足食之目的。[100]一年以後，他奏稱當地成活的

---

[98] 〔清〕慶桂等修，《清實錄・高宗純皇帝實錄（二）》，卷83，頁18a-
19b，乾隆三年十二月庚子條。

[99] 曼素恩著，楊雅婷譯，《蘭瑰寶錄：晚明至盛清時的中國婦女》，頁209-
310。

[100] 〔清〕尹會一，〈敬陳農桑四務疏〉，收入〔清〕賀長齡編，《皇朝經

樹木達191萬株，並得到皇帝的讚許。[101]然仔細推敲他的說詞，不無有誇大、粉飾的嫌疑。首先，他號稱責成老農在不可種穀的閒隙之地、種植「桑榆柘柳、棗梨桃杏」等樹，一年之內即有成效。[102]然在未考究土質與樹種的習性下，宣稱的成果令人起疑。其次，在數目字難以管理的文化下，報稱的樹木總數是否精確，也啟人疑竇。再者，他的農學知識顯然不足，提及「鹽鹵之地，挖去三尺，必無鹹味。飛沙之地，挖去三尺，必有濕氣」，[103]這是沒有科學根據的說法。還有，他未考察氣候、土壤等條件，就誇稱要複製江南紡織業獲利的模式到北方。能否有成效，當然令人質疑。可見，他意在討上位者的歡心。

也有不少植樹的論述主要在呼應朝廷的政策，而可能言過其實。雍正五年（1727），署直隸總督宜兆熊（?-1731）聲稱：到任後，督促民間補植行道的柳樹達「貳百萬株」；[104]乾隆年間，江西巡撫開泰（?-1763）也奏言：勸導地方業戶種植各類的樹木達750多萬株；[105]湖北檢查唐綏祖（1686-1754）也提到：經反覆開導與立

世文編》，卷36，〈戶政‧農政〉，頁5-6。

[101] 〔清〕慶桂等修，《清實錄‧高宗純皇帝實錄（二）》，卷83，頁18a-19b，乾隆三年十二月庚子條。

[102] 〔清〕尹會一，〈敬陳農桑四務疏〉，收入〔清〕賀長齡編，《皇朝經世文編》，卷36，〈戶政‧農政〉，頁5-6。

[103] 〔清〕尹會一，〈敬陳農桑四務疏〉，收入〔清〕賀長齡編，《皇朝經世文編》，卷36，〈戶政‧農政〉，頁5-6。

[104] 國立故宮博物院編，《宮中檔雍正朝奏摺》，8輯，頁283，〈署理直隸總督宜兆熊、禮部右侍郎劉師恕‧奏報直屬大路兩旁栽種柳株並村莊築立圍牆事〉，雍正五年六月初二日。

[105] 《軍機處檔摺件》，文獻編號：002812號，〈江西巡撫開泰‧奏陳江省種樹情形及數目〉，乾隆十三年閏七月二十日。

法獎懲下，民間栽植的樹木達214萬株之多。[106]上報的數量是否真確呢？文獻無法查考，但不排除有誇大的嫌疑。而且，也存在虛應故事的可能性。乾隆二十八年（1763），山東按察使閔鶚元以試種臥柳的成效顯著，而上奏建請北方各省仿照種植。乾隆皇帝獲報後，即傳諭各省督撫推廣試種。[107]先是直隸總督方觀承奏稱：臥柳用處甚廣，來年將勸人民廣種以獲取厚利。[108]接著，河南巡撫葉存仁（1710-1764）也上疏說：種植臥柳可以護城隄，枝葉又可供炊爨之用。他將飭令民戶廣為種植並加以獎勵。[109]惟兩人並未勘查地土、樹種等條件，也未實地的試種，就決定奉令行事並推崇臥柳的功效。讓人不禁懷疑他們是否只做了紙上的功夫。

日本學者相原佳之也發現，乾隆初期，各省督撫上呈不少有關種樹的奏摺。他們上奏的原因主要在提供政府做出決策，包括：鼓勵人民於官山種樹與捐栽樹木，以及訂定種樹獎勵的標準等。然當時未開墾的林地已相當有限，加上官員的反應並不熱烈，遂使得倡議官山種樹的政策功敗垂成。這股「種樹」的熱潮

---

[106] 《軍機處檔摺件》，文獻編號：006035號，〈湖北檢查唐綏祖‧奏明辦理種樹情形〉，乾隆十五年七月十一日。

[107] 國立故宮博物院編，《宮中檔乾隆朝奏摺》，第18輯，頁513-514，〈山東按察使閔鶚元‧奏為請廣栽臥柳以資民用摺〉，乾隆二十八年七月二十日；〔清〕慶桂等修，《清實錄‧高宗純皇帝實錄（九）》，卷691，頁21b-22a，乾隆二十八年七月辛巳條。

[108] 國立故宮博物院編，《宮中檔乾隆朝奏摺》，第18輯，頁765，〈直隸總督方觀承‧奏為遵旨察看地利所宜栽種臥柳摺〉，乾隆二十八年八月二十四日。

[109] 國立故宮博物院編，《宮中檔乾隆朝奏摺》，第18輯，頁799-800，〈河南巡撫葉存仁‧奏為遵旨察看地利所宜栽種臥柳摺〉，乾隆二十八年八月二十九日。

很快就退燒了。[110]看來，為了回應朝廷的政策，以及迎合統治者的心意，有些種樹的論述可能是虛應故事、或是美化誇飾的。

（四）深知水土流失的弊害卻未主張在山地植樹造林

清代人們深知大量墾闢山林會造成水土流失的弊害，日益頻繁的水患災情與它也有密切的關係。道光年間，林則徐（1785-1850）提及：陝西、湖北兩地的老林盡行開墾後，襄河就年年淤淺、水患不斷。曾云：

> 查襄河河底，從前深皆數丈。自陝省南山一帶，及楚北之鄖陽上游，深山老林盡行開墾，栽種包穀。山土日掘日鬆，遇有發水，沙泥隨下，以致節年淤墊。自漢陽至襄陽，遇上而河愈淺，……是以道光元年至今，襄河竟無一年不報漫潰。[111]

不只中游的平原受害，下游地帶也躲不過厄運。兩江總督陶澍（1778-1839）曾說到：上游山區濫行開墾、砍樹伐林，造成下游河道的沙洲增加。一遇暴雨，洪水宣洩不及，就會釀災：

> 且江洲之生，實因上游川陝滇黔等省開墾太多，無業遊民到處伐山刊木、種植雜糧，一遇暴雨，土石隨流而下，以

---

[110] 相原佳之，〈清朝中期的森林政策──以乾隆二十年代的植樹討論為中心〉，頁504-523。

[111] 〔清〕林則徐，《林文忠公政書‧乙集》（臺北：文海出版社，1966），卷2，〈湖廣奏稿‧籌防襄河隄工摺〉，頁4。

致停淤接漲，……。[112]

官員士紳清楚了解開山伐林與頻繁水患的因果關係，但並未積極主張在山區植樹造林。政府似乎也棄守環境的議題，並未嚴禁山地的開墾，反而較為關注棚民的彈壓、撫綏事宜。[113]他們為何做出這樣的決定呢？

有些人考量人口生計的難題，而未堅持禁止開山伐林。如魏源（1795-1857）以「承平生齒日倍，亦不能禁上游之不墾」，[114]轉而提出禁毀有礙水道的隄垸以防治水害，曾云：

> 今日救弊之法，惟不問其為官為私，而但問其垸之礙水不礙水，其當水已被決者，即官垸亦不必修復，其不當水衝而未決者，即私垸亦無庸議毀。[115]

---

[112] 〔清〕許喬林編，《陶文毅公（澍）集》（臺北：文海出版社，1968），卷10，〈奏疏・覆奏江蘇尚無阻礙水道沙洲摺子〉，頁15。

[113] 18世紀以來，川陝鄂三省交界的秦嶺、大巴山區湧入不少流民進行開墾。到19世紀初，已出現水旱災害頻率增加的現象。何炳棣、羅友枝兩人皆曾為文加以探究，不擬再述。清代政府對該區開墾的態度，較為關注土地開發、地方治安的議題，而較忽視環境破壞的現象，也未頒令禁止開墾。詳參〔清〕曹振鏞等修，《清實錄・仁宗睿皇帝實錄（三）》（北京：中華書局，1986），卷188，頁5b-6b，嘉慶十二年十一月丙辰條；〔清〕文慶等修，《清實錄・宣宗成皇帝實錄（一）》（北京：中華書局，1986），卷10，頁20b-22a，嘉慶二十五年十二月壬辰條。

[114] 〔清〕魏源，《古微堂內外集・外集》（臺北：文海出版社，1966），卷6，〈湖北隄防議〉，頁11-12。

[115] 〔清〕魏源，《古微堂內外集・外集》，卷6，〈湖廣水利論〉，頁6-7。

趙仁基（1789-1841）也深知「清江之源」在於「申山之禁」，[116]但因事關千萬人民的衣食，[117]於是強調中下游湖泊必須維持良好蓄水沉沙的功能。他建議宜禁止人民於河湖私築隄垸且不許修復，說到：

> 宜令夾漢居民，勿與水爭地，未有之垸永禁私築。已築已潰之垸不許修復，庶幾讓地於水，使之紆回其間，泥沙稍停，江不受害。……。[118]

也有人將焦點放在隄防的修固或拆毀，如林則徐主張，宜修築堅固的隄防並加意防護，以防止水患擴大。[119]江開則認為修建以壅塞為主的隄防，反而讓襄河的大水無所容處、以致潰決。故主張廢除隄防以減水害。[120]只有馬徵麟獨排眾議、高舉「開山之禁尤當嚴於圍田」的主張。他指出：山民的開荒鋤犁，收成非常微薄，但引起的水土流失，不但湮塞江河湖泊，也使近山的田畝屢

---

[116] 〔清〕趙仁基，《論江水十二篇》，收入〔清〕武同舉編，《再續行水今鑑》（臺北：文海出版社，1970），卷32，〈江水・附編七〉，頁859。

[117] 趙仁基提到：上游山區的開墾，養活生民不下數千萬，今欲禁其為之，「則將之處何地、徙何業，而可以生全哉」。詳見〔清〕趙仁基，《論江水十二篇》，頁859。

[118] 〔清〕趙仁基，《論江水十二篇》，頁860。

[119] 林則徐了解江漢平原水患與上游墾山的相關性，但主要致力於江河隄防的修固與防護，詳參林則徐，《林文忠公政書・乙集》，卷2，〈湖廣奏稿・籌防襄河隄工摺〉，頁4-7。

[120] 江開也論及上游開山造成水土流失的問題，但認為修建隄防將使大量的泥沙淤積，造成河身淤高、水無所容處。詳見〔清〕江開，〈疏分漢水支河說〉，收入〔清〕盛康編，《皇朝經世文續編》，卷117，〈工政・各省水利〉，頁26。

受水旱之災。故開山有「苦其磽瘠而致廢膏腴」的弊端！亦即山民得利甚小，平原卻罹害極大。其次，山林、平原各有其利，開山不僅失去竹木茶果等自然之利，還會帶來水土流失的弊害。故嚴禁開山更為首要。[121]

官員士紳大多基於人民生計的因素，而未積極主張禁伐山林與植樹造林。政府則基於農業利益、社會治安的因素，也未有效的維護山林資源。Nicholas K. Menzies指出：清代的政策注重開墾土地、發展農業，而不是從山地清出人口以造林。它不關心維護山林產權的事，因為安撫流民成為農業的定居者，才是殖民統治者的要務。[122]趙岡也提到：清代政府並未好好的管理國有山林，主要採取放任私人砍伐，而酌收稅金的措施。只選擇性的封禁部分山林，如皇陵的所在、關外地區、五岳及若干名山等。雖曾基於治安的因素，封禁河南、陝西、湖北三省交界，與江西、浙江、福建交界的山區。不過，並未嚴格執行。在大批流民移入開墾後，最終仍採取放寬、弛禁的態度。[123]

綜合而論，面對上游山區開發所引致的水患災害，大多數人們不去討論禁止開山伐林並責令種樹的事，反而將重心放在爭論禁廢垸田、築固隄防及疏通水道等議題。他們明知解決問題的方

---

[121] 〔清〕馬徵麟，《長江圖說》（臺北：學海出版社，1969），卷12雜說4，頁14。

[122] Nicholas K. Menzies, *Forest and Land Management in Imperial China* (New York: St. Martin's Press, 1994), p.44.

[123] 詳參趙岡，《中國歷史上生態環境之變遷》（北京：中國環境科學出版社，1996），頁25-26。另，明代因流民民變等因素，曾封禁河南、陝西、湖北省的交界，以及江西、浙江、福建省交界的山區。清代沿承前代的禁令，惟並未有效的實行。

案，卻不劍及履及的做到。看來，人們環境的認知與實踐之間不只存在著不一致性，有時還是衝突、矛盾的。

五、結語

布勞岱（Fernand Braudel）對於18世紀生態環境與人類社會互動的過程，下了這樣的註腳：17世紀末到19世紀初是世界氣溫回升的長波，農業生產平穩的發展。世界各國都進行了國土開發，或是往空閒的地方移民，全球人口迅速的增長。若要尋求其一致、統一行動的原因，「人們只能想像一個普遍的解釋：氣候的變化」。[124]還有，「收成的豐歉決定著物質生活的優劣。由此可見，氣候突變對樹木和人的打擊簡直傷筋動骨」。[125]在這段世界氣溫回溫的長波中，中國的人口增加約2倍，在「一世紀間不只翻了一倍」。[126]由於人口空前的增長，糧食不足成為首要解決的課題。清代政府企圖藉由廣為開墾土地，包括開放山地、濱湖沃土及邊區等，並鼓勵遍地種植的政策，以緩和人口過剩的壓力。從中央到地方莫不極力倡導民間植樹，藉以佐衣食、備材用與柴薪等。然除了關注物質的生活，人們還與周遭的樹木進行了其他的互動。如為了防治水患災害，動員並獎勵人民於江河隄防的兩旁栽植柳樹、蘆葦。隨著商業的繁盛，栽植、管理行道路樹也成為必需關注的政務。柳樹是當時行道樹的代表，矗立在行道

---

[124] 布勞岱爾（Fernand Braudel）著，施康強、顧良譯，《15至18世紀的物質文明、經濟和資本主義》（臺北：貓頭鷹出版社，1999），卷1，頁20-26。

[125] 布勞岱爾，《15至18世紀的物質文明、經濟和資本主義》，卷1，頁26。

[126] Ho Ping-ti, *Studies on the Population of China ,1368-1953*, p.275.

上，庇蔭眾多的行旅。還有，人們愈來愈認識到種樹成林具有涵養水源、維持地力及保持水土等功能。尤其到19世紀以後，隨著氣候的轉冷，以及開墾山林所帶來的弊害日益加深。更多的人們意識到水土流失的嚴重性，因而有人提出禁止開山並責令種樹等防範性措施。

清代人們對植樹的效用與功能有清楚的認知，但其認知與行為實踐之間卻存在著差異與不一致性，至少沒有我們（尤其是文人）所設想的接近。當時的官員士紳慣於強調植樹的重要性與益處，但卻未進而查究樹種的習性及其生長條件。他們也高倡植樹能達成家給自足的理想，但在平原幾已墾盡，以及未考究土壤、氣候等條件下，讓人懷疑其能否帶來實效。再者，為了迎合上位者的心意，也可能出現誇稱種樹的成果，或是虛應故事的情形。還有，他們深知開墾山林、水土流失及頻繁水患之間的因果關係，卻未積極的主張植樹造林、或是禁止開山，以徹底解決弊害。看來，他們對山地植樹造林的態度是消極的。多數人們了解開山的弊害，但只陳述現象、原因，而不提出解決的方案。也有人們致力於提出替代性的方案，如主張廢毀隄垸、築固隄防、疏通水道等。至於浙江、安徽兩地的人們曾基於環境保護的觀點，提出禁止開山、禁種玉米與種植多年生樹木的主張。其原因可能與山地多屬私人的產權有關。[127]基於維護私人產權與地方秩序（如土客民衝突等）等因素，有些官員士紳因而採取嚴禁開山的

---

[127] 奧斯本的研究提及：安徽、浙江南部的山區遍布族田，產權多屬私人所有；詳參安.奧斯本著，孫慧敏譯，〈丘陵與低地：清代長江下游地區的經濟與生態互動〉，頁363-365、頁373。

態度。

　　清代政府在制定維護山區樹木的法令上也不夠積極。僅訂定保護帝王陵寢與民間墓地樹木的法律，[128]對燒毀山區的樹木、[129]故意毀伐樹木的行為，[130]雖加以論罪，但主要是基於社會安全（如延燒樹木）、維持秩序（砍樹以竊盜罪論處）的考量。乾隆年間，雖曾頒令鼓勵官民於山地種樹並給予獎勵，但並未有效的實行。倒是民間社會曾自發的進行一些保林護樹的行動。一些鄉民基於保護風水林、維護名山古木、捍衛經濟利益（保護個人或全村資產）、重視環境保護的作用，以及維護自然資源（如不准放火、以時禁伐）等因素，而設立各式的護林碑，企圖透過鄉規民約的方式以達成護樹的行動。[131]不過，民間的力量是局部、有限的，[132]難以改變環境惡化的事實。總而論之，清代人們固然有高

---

[128] 如《大清律例》記載：「凡盜園陵內樹木者，皆杖一百、徒三年。若盜他人墳塋內樹木者，杖八十。若計贓重於本罪者，各加盜罪一等。」上參〔清〕徐本、三泰等，《大清律例》（海口：海南出版社，2000年），第1冊，卷34，〈刑律‧盜賊‧盜園陵樹木〉，頁318。

[129] 如《大清律例》記載：「若於山陵兆域內失火者，杖八十、徒二年。延燒林木者，杖一百、流二千里。……」上參〔清〕徐本、三泰等，《大清律例》，第1冊，卷34，〈刑律‧雜犯‧失火〉，頁108。

[130] 如《大清律例》記載：「凡棄毀器物及毀伐樹木稼穡者，計贓准竊盜論。免刺，官物加二等。……。」上參〔清〕徐本、三泰等，《大清律例》，第1冊，卷9，〈戶律‧田宅‧棄毀器物稼穡等〉，頁160。

[131] 倪根金指出：明清時期以前，就已出現護林碑。但於明清兩代大量的出現。有關明清時期護林碑產生的原因、類型、價值和啟示等；詳參倪根金，〈明清護林碑研究〉，《中國農史》，1995:4（南京，1995.11），頁87-97；倪根金，〈明清護林碑知見錄〉、〈明清護林碑知見錄（續）〉，《農業考古》，1996:3（南昌，1996.9）、1997:1（南昌1997.3），頁176-184、頁179-191。

[132] 據倪根金的研究，清代已發現的護林碑約100塊左右，分布的地域東起浙江、山東；南至雲南、廣東；西達四川、陝西；北到山西、河北。範圍

明的環境認知，但保護環境的行動力卻是不足的，尤其是山地植樹這件事。

十分廣泛；詳參倪根金，〈明清護林碑知見錄〉，頁177。

徵引書目

檔案資料

中國第一歷史檔案館編，《乾隆朝上諭檔》，北京：檔案出版社，1991年。
《軍機處檔摺件》，臺北：國立故宮博物院藏。
國立故宮博物院編，《宮中檔雍正朝奏摺》，臺北：國立故宮博物院，
　　1977-78年。
國立故宮博物院編，《宮中檔乾隆朝奏摺》，臺北：國立故宮博物院，
　　1982-1988年。
國立故宮博物院編，《宮中檔嘉慶朝奏摺》，複製本，臺北：國立故宮博
　　物院，1993年。

官書典籍

〔北魏〕賈思勰著，繆啟愉校釋，《齊民要術校釋》。臺北：明文書局，
　　1986年。
〔南宋〕魏　峴，《四明它山水利備覽》，收入《叢書集成新編》，第91
　　冊，臺北：新文豐出版公司，1984年。
〔明〕陳子龍等，《皇明經世文編》，臺北：國聯圖書出版公司，1964年。
〔清〕文慶等修，《清實錄·宣宗成皇帝實錄》，北京：中華書局，1986年。
〔清〕王延熙、王樹敏編，《皇清道咸同光四朝奏議》，臺北：文海出版
　　社，1969年。
〔清〕王鳳生，《浙西水利備考》，臺北：文海出版社，1985年。
〔清〕林則徐，《林文忠公政書·乙集》，臺北：文海出版社，1966年。
〔清〕徐　本、三泰等，《大清律例》，海口市：海南出版社，2000年。
〔清〕馬徵麟，《長江圖說》，臺北：學海出版社，1969年。
〔清〕崑岡等，《大清會典事例》，北京：中華書局，1991年。
〔清〕張　鑑，《阮元年譜》，北京：中華書局，1995年。
〔清〕曹振鏞等修，《清實錄·仁宗睿皇帝實錄》（北京：中華書局，
　　1986年。
〔清〕梅曾亮，《柏梘山房文集》，臺北：華文書局，1968年。

〔清〕盛康編，《皇朝經世文續編》，臺北：文海出版社。1972年。

〔清〕許喬林編，《陶文毅公（澍）集》，臺北：文海出版社，1986年。

〔清〕賀長齡編，《皇朝經世文編》，臺北：文海出版社，1974年。

〔清〕鄂爾泰等修，《清實錄・世宗憲皇帝實錄》，北京：中華書局，1986年。

〔清〕趙仁基，《論江水十二篇》，收入〔清〕武同舉編，《再續行水今鑑》，臺北：文海出版社，1970年。

〔清〕慶桂等修，《清實錄・高宗純皇帝實錄》，北京：中華書局，1986年。

〔清〕魏　源，《古微堂內外集》，臺北：文海出版社，1966年。

專書著作

布勞岱爾（Fernand Braudel）著，施康強、顧良譯，《15至18世紀的物質文明、經濟和資本主義》，2冊，臺北：貓頭鷹出版社，1999年。

李向軍，《清代荒政研究》，北京：中國農業出版社，1995年。

李伯重，《發展與制約──明清江南生產力研究》，臺北：聯經出版公司，2002年

李約瑟（Joseph Needham）著，鄭子政等譯，《中國之科學與文明》，第1-8冊，臺北：臺灣商務印書館，1985年。

袁清林編，《中國環境保護史話》，北京：中國環境科學出版社，1990年。

馬立博（Robert B. Marks）著，王玉茹、關永強譯，《虎、米、絲、泥：帝制晚期華南的環境與經濟》，南京：江蘇人民出版社，2011年。

曼素恩（Susan Mann）著，楊雅婷譯，《蘭瑰寶錄：晚明至盛清時的中國婦女》，臺北：左岸文化，2005年。

廖國強、何明、袁國友，《中國少數民族生態文化研究》，昆明：雲南人民出版社，2006年。

趙岡，《中國歷史上生態環境之變遷》，北京：中國環境科學出版社，1996年。

期刊論文

王社教，〈清代西北地區地方官員的環境意識─對清代陝甘兩省地方治的考察〉，《中國歷史地理論叢》，2004年第1期，西安，2004年2月。

王淑芬，〈清代治山防洪環保策略之探討：以長江流域為中心〉，《國立

臺北教育大學學報》，19卷1期，臺北，2006年6月。

王淑芬，〈經濟與生態：清代湖廣西部山區的開發和自然環境的惡化〉，
　　《國立臺北師院學報》，第11期，臺北，1998年6月。

王紹武，〈近代氣候變化的研究〉，收入紀念科學家竺可楨論文集編輯小
　　組，《紀念科學家竺可楨論文集》，北京：科學普及出版社，1982年。

王業鍵，〈清代中國氣候變遷、自然災害與糧價的初步考察〉，收入王業
　　鍵，《清代經濟史論文集（二）》，臺北：稻鄉出版社，2003年。

王爾敏，〈先秦兩漢之自然生態保育思想〉，《漢學研究》，10卷2期，臺
　　北，1992年12月。

任振球，〈中國近五千來氣候的異常期及其天文成因〉，《農業考古》，
　　1986年第1期，南昌，1986年2月。

安‧奧思本（Anne Osborne）著，孫慧敏譯，〈丘陵與低地：清代長江下
　　游地區的經濟與生態互動〉，收入伊懋可（Mark Elvin）、劉翠溶編，
　　《積漸所至：中國環境史論文集》，上冊，臺北：中央研究院經濟研
　　究所，1995年。

竺可楨，〈中國近五千年來氣候變遷的初步研究〉，《考古學報》，1972
　　年第1期，北京，1972年12月。

相原佳之，〈清朝中期的森林政策──以乾隆二十年代的植樹討論為中
　　心〉，收入王利華編，《中國歷史上環境與社會》，北京：三聯書店，
　　2007年。

倪根金，〈明清護林碑知見錄（續）〉，《農業考古》，1997年第1期，南
　　昌，1997年3月。

倪根金，〈明清護林碑知見錄〉，《農業考古》，1996年第3期，南昌，
　　1996年9月。

倪根金，〈明清護林碑研究〉，《中國農史》，1995年第4期，南京，1995
　　年11月。

凌大燮，〈我國森林資源的變遷〉，《中國農史》，1983年第2期，南京，
　　1983年7月。

馬立博（Robert B. Marks），孫慧敏譯，〈南方「向來無雪」：帝制後期中
　　國南方的氣候與收成（1650-1850）〉，收入伊懋可（Mark Elvin）、劉
　　翠溶編，《積漸所至：中國環境史論文集》，下冊，臺北：中央研究
　　院經濟研究所，1995年。

陳良佐，〈再探戰國到兩漢的氣候變遷〉，《中央研究院歷史語言研究所
　　集刊》，第67本第2分，臺北，1996年6月。

游修齡,〈清代農學的成就和問題〉,收入游修齡,《農史研究文集》,北京:中國農業出版社,1999年。

游修齡,〈槐柳與古代的行道樹〉,《中國農史》,1996年第4期,南京,1996年11月。

費每爾(Eduard B. Vermeer)著,陳偉智譯,〈清代中國邊疆地區的人口與生態〉,收入伊懋可、劉翠溶編,《積漸所至:中國環境史論文集》,上冊,臺北:中央研究院經濟研究所,1995年。

滿志敏,〈唐代氣候冷暖分期及各期氣候特徵的研究〉,收入歷史地理編輯委員會編,《歷史地理》,第8輯,上海:上海人民出版社,1990年。

趙岡,〈清中期以來糧食畝產量之變動〉,《漢學研究》,10卷2期,臺北,1992年12月。

趙岡,〈清代的墾殖政策與棚民運動〉,《中國歷史地理論叢》,1995年第3期,1995年8月。

劉翠溶,〈中國歷史上關於山林川澤的觀念和制度〉,收入曹添旺編,《經濟成長、所得分配與制度演化》,臺北:中央研究院中山人文社會科學研究所,1996年。

樊寶敏、董源,〈中國歷代森林覆蓋率的探討〉,《北京林業大學學報》,2001年第4期,北京,2001年7月。

鄧海倫(Helen Dunstan)著,楊俊峰譯,〈十八世紀中國官方對環境問題的看法與政府的角色〉,收入伊懋可(Mark Elvin)、劉翠溶編,《積漸所至:中國環境史論文集》,下冊,臺北:中央研究院經濟研究所,1995年。

J. Baird Callicott、Roger T. Ames著,曾雁鳴譯,〈觀念與行動之間〉,《當代》,第105期,臺北,1995年1月。

外文論著

Callicott, J. Baird & Ames, Roger T. "Epilogue: On the Relation of Idea and Action," in J. Baird Callicott & Roger T. Ames (eds.), *Nature: In Asian Traditions of Thought: Essays in Environmental Philosophy.* Albany: State University of New York Press, 1989.

Elvin, Mark "Three Thousand Years of Unsustainable Growth: China's Environment from Archaic Time to Present," *East Asian History,* 6, 1993.

Elvin, Mark *The Retreat of the Elephants: An Environmental History of China.* New Haven & London: Yale University Press, 2004.

Ho, Ping-ti *Studies on the Population of China, 1368-1953*. Cambridge: Harvard University Press, 1959.

Marks, Roberts *Tigers, Rice, Silk and Silt: Environment and Economy in Late Imperial South China*. Cambridge, U.K.; New York, USA: Cambridge University Press, 1998.

Menzies, Nicholas K. *Forest and Land Management in Imperial China*. New York: St. Martin's Press, 1994.

Osborne, Anne "The Local Politic of Land Reclamation in Lower Yangzi Highland," *Late Imperial China* , 15:1, 1994.

Osborne, Anne *Barren Mountains, Raging Rivers: The Ecological and Social Effects of Changing Land Use on the Lower Yangzi periphery in Late Imperial China*. Columbia University Ph.D. Dissertation, 1989.

Perdue, Peter C. "Water Control in the Dongting Lake Region during Ming and Qing Periods," *Journal of Asian Studies*, 41:4, 1982.

Perdue, Peter C. *Exhausting the Earth: State and Peasant in Hunan, 1500-1850*. Cambridge, Mass.: Council on East Asian Studies, Harvard University, 1987.

Perkins, Dwight H. *Agricultural Development in China, 1368-1968*. Chicago: Aldine Publishing Company, 1969.

Rawski, Evelyn S. "Agricultural Development in the Han River Highland," *Ching Shih Wen T'i*, 3:4, 1975.

White Jr., Lynn "The Historical Roots of Our Ecological Crisis," *Science*, 155, 1967.

Worster, Donald "History as Natural History: An Essay on Theory and Method," *Pacific Historical Review*, 53, 1984.

王家儉教授著作目錄

1964年	《魏源對西方的認識及其海防思想》，臺大文史叢刊，臺北：國立臺灣大學文學院。
1966年	〈《海國圖志》對於日本的影響〉，《大陸雜誌》，32卷8期，臺北。
1967年	《魏源年譜》，中央研究院近史所專刊（21），臺北：中央研究院近代史研究所。
	〈清季的海防論〉，《師大學報》，第12期，臺北。
	〈評介詹遜（Janson）著《日本人與孫逸仙》〉，《思與言》，5卷3期，臺北。
1969年	〈十九世紀西方史地知識的介紹及其影響〉，《大陸雜誌》，38卷6期，臺北。
	〈評介Rawlinson著《中國海軍發展史》（*China Struggle for the Naval Development 1861-1895*）〉，《中央研究院近代史研究所集刊》，第1期，臺北。
1972年	〈明治初期日本漢學家岡千仞的訪華觀感〉，《新時代》12卷5期，臺北。
	〈《中國之科學與文明》第一冊漢譯評介〉，《中央日報》，臺北，1972年6月5-6日。
1973年	〈論醇親王「用人行政敬陳管見」一摺所展示的晚清政局〉，《師大學報》，第18期，臺北。

1973年	〈文祥對於時局的認識及其自強思想〉，《師大歷史學報》，第1期，臺北。
	〈清季的海軍衙門〉，《中國歷史學會史學集刊》，第5期，臺北。
1974年	〈清末海軍留英學生的派遣及其影響〉，《師大歷史學報》，第2期，臺北。
1976年	〈北洋武備學堂的創設及其影響〉，《師大歷史學報》，第4期，臺北。
	〈旅順建港始末（1880-1890）〉，《中研院近史所集刊》，第5期，臺北。
1977年	〈中日長崎事件之交涉（1886-1887）〉，《師大歷史學報》，第5期，臺北。
1978年	《中國歷代思想家——魏源》，臺北：臺灣商務印書館。
	〈琅威理之借聘來華及其辭職風波〉，《師大歷史學報》，第6期，臺北。
	〈晁錯「籌邊策」形成之背景及其歷史意義〉，《簡牘學報》，第5期，臺北。
	〈近代中國海權意識的覺醒〉，收入中央研究院近代史研究所編，《近代中國維新思想研討會論文集》，臺北：中央研究院近代史研究所。
	〈對於當前高中歷史教學的幾點管見〉，《中等教育》，29卷3期，臺北。
1979年	〈近代中國海權意識的覺醒〉，《史學會刊》，第23期，臺北。
	〈吳淞鐵路補遺〉，臺北市文獻會編，《臺北市耆老會談專集》，臺北：臺北市文獻會。

1980年	〈晚清地方行政現代化的探討（1839-1911）〉，《師大歷史學報》，第8期，臺北。
1981年	〈民初地方行政制度現代化的探討（1912-1915）〉，《師大歷史學報》，第9期，臺北。
	〈清代「漢宋之爭」的再檢討──試論漢學派的目的與極限〉，收入中央研究院國際漢學會議論文集編輯委員會編，《中央研究院國際漢學會議論文集》，臺北：中央研究院。
1983年	〈民初的女子參政運動〉，《師大歷史學報》，第11期，臺北。
	〈魏默深對於臺海地位的卓越見解〉，《臺北文獻（直字）》，第61/62期，臺北。
	〈民初時期地方的「府會之爭」──以廣東省為例〉，收入國史館編，《中華民國歷史與文化學術討論會論文集》，臺北：國史館。
1984年	《清末民初我國警察制度現代化的歷程（1901-1928）》，臺北：臺灣商務印書館。
	《中國近代海軍史論文集》，臺北：文史哲出版社。
	〈由漢宋調和到中體西用──試論晚清儒家思想的演變〉，《師大歷史學報》，第12期，臺北。
	〈洪北江的憂患意識〉，收入中央研究院近代史研究所編，《近世中國經世思想史研討會論文集》，臺北：中央研究院近代史研究所。
	〈民元改造參議院風潮〉，收入中央研究院近代史研究所編，《中華民國初期史研討會論文集》，臺北：中央研究院近代史研究所。
	〈《劉茂恩回憶錄》序〉，《中原文獻》，16卷8期，臺北。

1985年	〈晚清時期我國科技發展的鳥瞰〉,《師大學報》,第30期,臺北。
	〈呂坤的憂患意識與經世思想〉,《師大歷史學報》,第13期,臺北。
	〈廣東的機器繅絲工業與近代中國第一次反機器風潮〉,《食貨月刊(復刊)》,15卷3-4期,臺北。
	〈民初的軍事與警政〉、〈民初的地方自治〉,收入教育部編,《中華民國建國史》,第2冊,臺北:教育部。
1986年	〈魏秀梅《陶澍在江南》評介〉,《近代中國史研究通訊》,第2期,臺北。
	〈清末民初安徽的警政建設〉,收入中央研究院近代史研究所編,《近代中國區域史研討會論文集》,臺北:中央研究院近代史研究所。
1987年	〈魏源的著述及影響〉,《湖南文獻季刊》,15卷1期,臺北。
	〈海軍對於抗戰的貢獻〉,《海軍學術月刊‧抗戰50週年紀念特刊》,21卷7期,臺北。
	〈創造新時代的新史學〉,收入高明編,《文史哲的時代使命》,臺北:文津出版社。
1988年	〈李鴻章對於中國近代海軍近代化的貢獻〉,《師大歷史學報》,第16期,臺北。
	〈海軍對於抗戰的貢獻〉,《珠海學報》,第16期,香港。
	〈清史研究的回顧──開國與建制〉,收入中央研究院近代史研究所編,《六十年來的中國近代史研究》,臺北:中央研究院近代史研究所。
1989年	〈晚明的實學思潮〉,《漢學研究》,7卷2期,臺北。
	〈從歷史看《河殤》〉,《國文天地》,4卷8期,臺北。

1989年	〈繼繼繩繩開新運──今後的展望〉，《國文天地》，4卷12期，臺北。
	〈從天主教的衝擊看明末清初時期中西文化論戰的背景與意義〉，收入中央研究院近代史研究所編，《近代中國初期歷史研討會論文集》，臺北：中央研究院近代史研究所。
	〈晚清公羊學的演變與政治改革運動〉，收入中央研究院第二屆國際漢學會議論文集編輯委員會編，《中央研究院第二屆國際漢學會議論文集》，臺北：中央研究院。
1990年	〈魏源的水利議──兼論晚清經世家修法務實的精神〉，《師大歷史學報》，第18期。
	〈孫中山民族主義思想的影響──以大亞洲主義為中心〉，「孫中山與亞洲國際學術討論會」會議論文，廣東翠亨村。
1991年	〈清季南洋海軍的創建與演變〉，《師大歷史學報》，第19期，臺北。
1992年	〈崑山三徐與清初政治〉，收入中央研究院近代史研究所編，《近世家族與政治比較歷史論文集》，臺北：中央研究院近代史研究所。
	〈魏默深的海權思想〉，收入二十一世紀海權研討會編，《第二屆二十一世紀海權研討會論文集》，臺北：淡江大學國際事務與戰略研究所。
1993年	〈魏默深的史學與經世史觀〉，《師大歷史學報》，第21期，臺北。
	〈試論中山先生「大亞洲主義」思想的特質與影響〉，《國史館館刊》，第15期，臺北。
	〈是清朝的功臣還是民國的罪人？──對於末任甘新巡撫袁大化的歷史評價〉，收入中央研究院近代史研究所編，《近代中國歷史人物論文集》，臺北：中央研究院近代史研究所。

1994年	《清史研究論藪》，臺北：文史哲出版社。
	〈試論《春秋》一書對於中國史學的影響〉，《師大歷史學報》，第22期，臺北。
	〈「借將練兵」惹來的麻煩——從李鴻章向英借聘琅威理（Willsam M. Lang）說起〉，《歷史月刊》，第72期，臺北。
1995年	〈是調和而不是衝突——中國人的中西文化觀〉，《文化中國》，第7期，溫哥華。
	〈劉銘傳與淮軍關係析論〉，「劉銘傳逝世100週年學術研討會」會議論文，安徽合肥。
	〈李鴻章的海軍知識與海權思想〉，收入國立臺灣師範大學歷史系編，《甲午戰爭一百週年紀念學術研討會論文集》，臺北：國立臺灣師範大學歷史系。
	"Li Hung-chang and the Peiyang Navy," Samuel Chu & Kuang-ching Liu ed. *Li Hung-chang and China's early Modernization*, New York,
1996年	〈民主政治發展中的一個轉折——論五四運動的歷史叢結〉，《文化中國》，第21期，溫哥華。
	〈中國人的頭髮為什麼會惹禍？〉，《歷史月刊》，第100期，臺北。
	〈姜鳴《中國近代海軍史事日誌（1865-1911）》評介〉，《歷史研究》，1996年第2期，北京。
	〈海軍經費用頤和園工程問題之分析〉，「甲午戰爭與近代海防學術研討會」會議論文，山東威海。
	〈臺海情勢與兩岸前途（上、中、下）〉，《世界日報（加西版）》，1996年3月18、19、20日。
1997年	〈中國傳統海軍的演變〉，《簡牘學報》，第16期，臺北。
	〈朱際鎰教授夫人邱琳明女士詩文遺集《追憶》序〉，臺北。

1997年	〈馬漢海權思想對於東亞大局的影響〉，《明報（加西版）》，1997年8月9日。
	〈一對奇女子都想訪中國：英國王妃黛安娜與印度慈善濟助會長德雷莎〉，《世界日報（加西版）》，1997年9月10日。
	〈從金雞納霜丸到北京天主大教堂——十八世紀中西文化交流史上一段有趣的插曲〉，《明報（加西版）》，1997年12月25日。
1998年	〈近百餘年來香港與中國大陸的學術文化關係〉，《歷史月刊》，第120期，臺北。
	〈英國對於清季創設現代海軍的影響——近代中國軍事之傳統與蛻變〉，收入郝延平、魏秀梅主編，《近世中國之傳統與蛻變：劉廣京院士七十五歲祝壽論文集》，臺北：中央研究院近代史研究所。
	〈國際科技轉移——以北洋海防建設為例〉，「北洋成軍110週年學術研討會」會議論文，山東威海。
	〈鄭海麟博士《釣魚台列嶼之歷史法理研究》推介〉，《世界日報（加西版）》，1998年11月28日。
1999年	〈德意志帝國對於晚清軍事現代化的影響（1875-1895）〉，《師大歷史學報》，第27期，臺北。
	〈德國與晚清的軍事現代化〉，《歷史月刊》，第134期，臺北。
	〈評戚其章《晚清海軍發展史》〉，《歷史研究》，1999年第2期，北京。
	〈一本研究黃遵憲的佳作——評鄭海麟書《黃遵憲與近代中國》〉，《文化中國》，第16期，溫哥華。

1999年	〈海防問題與兩岸關係──事與理的歷史觀照〉，收入李金強主編，《王爾敏教授七十華誕暨榮休論文集》，香港：《王爾敏教授七十華誕暨榮休論文集》編輯委員會。
	〈清代的綠營水師（1681-1864）〉，收入李金強等編，《近代中國海防──軍事與經濟》，香港：香港歷史博物館。
	〈國際科技轉移與北洋海防建設──論軍費在洋務運動中的角色與作用〉，收入《中華文史論叢》，第58期，上海：上海古籍出版社。
2000年	《李鴻章與北洋艦隊──近代中國創建海軍的失敗與教訓》，臺北：國立編譯館。
2001年	〈中國傳統權力制衡及其特色──兼論其結構與特色〉，《文化中國》，第31期，溫哥華。
	〈評蘇小東著《中華民國海軍史事日志》〉，《近代中國史研究通訊》，第31期，臺北。
2002年	〈近百年來中國海軍的一頁滄桑史──閩系海軍的興衰〉，《近代中國》，第151期，臺北。
	〈從諮議局到省議會──清末民初廣東民主政治的實踐〉，「瓊粵地方文獻國際學術研討會」會議論文，海南。
	〈閩系海軍歷史地位之再評估〉，「第二屆近代中國海防國際學術研討會」會議論文，香港。
2004年	《洋員與北洋海防建設》，天津：天津古籍出版社。
	〈十九世紀英國遠東海軍中國艦隊（China Station）對華之影響（1842-1895）〉，「甲午戰爭110週年國際學術會議」會議論文，山東威海。
2006年	〈典範與啟蒙──顧炎武「經學即理學」與清代古學復興〉，《文化中國》，第48期，溫哥華。

2006年	〈清代禮學的復興與經世禮學思想的流變〉，《漢學研究》，24卷1期，臺北。
2008年	《李鴻章與北洋艦隊──近代中國創建海軍的失敗與教訓（校訂版）》，北京：生活‧讀書‧新知三聯書店。
	〈十九世紀英國遠東海軍的戰略布局及其「中國艦隊」在甲午戰爭期間的態度〉，《臺灣師大歷史學報》，第40期，臺北。
2009年	〈論魚雷艇在甲午海戰中之戰略效應〉，「北洋海軍成軍120週年國際學術研討會」會議論文，山東威海。
2013年	《夢影萍蹤──一個農村子弟的奮鬥》，臺北：國泰文化事業公司。

史地傳記類　PC0708　讀歷史71

明清政治與社會
——紀念王家儉教授論集

作　　者／朱鴻、林麗月、劉德美、葉高樹、王淑芬合著
責任編輯／鄭伊庭
圖文排版／楊家齊
封面設計／葉力安

發 行 人／宋政坤
法律顧問／毛國樑　律師
出版發行／秀威資訊科技股份有限公司
　　　　　114台北市內湖區瑞光路76巷65號1樓
　　　　　電話：+886-2-2796-3638　傳真：+886-2-2796-1377
　　　　　http://www.showwe.com.tw
劃撥帳號／19563868　戶名：秀威資訊科技股份有限公司
　　　　　讀者服務信箱：service@showwe.com.tw
展售門市／國家書店（松江門市）
　　　　　104台北市中山區松江路209號1樓
　　　　　電話：+886-2-2518-0207　傳真：+886-2-2518-0778
網路訂購／秀威網路書店：http://store.showwe.tw
　　　　　國家網路書店：http://www.govbooks.com.tw

2018年1月　BOD一版
定價：280元
版權所有　翻印必究
本書如有缺頁、破損或裝訂錯誤，請寄回更換

國家圖書館出版品預行編目

明清政治與社會：紀念王家儉教授論集 / 朱鴻等合著. --
　一版. -- 臺北市：秀威資訊科技, 2018.01
　　面；　公分. -- (史地傳記類；PC0708)
　BOD版
　ISBN 978-986-326-506-1(平裝)

　1. 明清史　2. 史學　3. 文集

626.007　　　　　　　　　　　　　　　106022765

讀者回函卡

感謝您購買本書,為提升服務品質,請填妥以下資料,將讀者回函卡直接寄回或傳真本公司,收到您的寶貴意見後,我們會收藏記錄及檢討,謝謝!如您需要了解本公司最新出版書目、購書優惠或企劃活動,歡迎您上網查詢或下載相關資料:http:// www.showwe.com.tw

您購買的書名:_____

出生日期:_____年_____月_____日

學歷:□高中 (含) 以下　　□大專　　□研究所 (含) 以上

職業:□製造業　□金融業　□資訊業　□軍警　□傳播業　□自由業
　　　□服務業　□公務員　□教職　　□學生　□家管　□其它_____

購書地點:□網路書店　□實體書店　□書展　□郵購　□贈閱　□其他

您從何得知本書的消息?

　□網路書店　□實體書店　□網路搜尋　□電子報　□書訊　□雜誌

　□傳播媒體　□親友推薦　□網站推薦　□部落格　□其他_____

您對本書的評價:(請填代號　1.非常滿意　2.滿意　3.尚可　4.再改進)

　封面設計____　版面編排____　內容____　文／譯筆____　價格____

讀完書後您覺得:

　□很有收穫　□有收穫　□收穫不多　□沒收穫

對我們的建議:_____

_____

_____

_____

11466
台北市內湖區瑞光路 76 巷 65 號 1 樓

秀威資訊科技股份有限公司　　　收
BOD 數位出版事業部

姓　　名：_____　年齡：_____　性別：□女　□男

郵遞區號：□□□□□

地　　址：_____

聯絡電話：(日) _____　(夜) _____

E-mail：_____